其實，我們都寂寞

著—石原加受子　譯—李靜宜

誰にも言えない「さみしさ」がすっきり消える本

目錄

第3章　孤獨感來自童年的傷痕

第4章 「愛自己」是最強大的正能量

第5章 提升自我肯定感來消除寂寞

第6章 失去連結，會感到無限孤獨

推薦序

好好重視自己，就能與寂寞道別

心起點創辦人　史庭瑋

很開心有機會推薦這本書，作者石原加受子是日本心理暢銷書作家、心理諮商師，為提倡「自我中心心理學」的「All Is One」心理諮商研究所代表。她在這本書中用口語化與故事化的方式，透過許多生活中的案例，來分享人會因為哪些原因而感到寂寞，又如何因應這樣的感覺，以及如何透過學會自我陪伴的獨處，來擁有與人親密相處的力量。

書中提到幾個不同的重點，令人印象深刻的，是關於「以他人為中心」和「以自我為中心」的觀點，跟以往我們認知的「自我中心」不同。一般可能認為「以自我為中心」不就是自私嗎？而書中提到的「以自我為中心」是指能夠感受自己、愛自己與重視自己，不再勉強自己去配合他人，就能化解內心的寂寞感；「以他人為中心」則是指我們的情緒與反應時常受他人影響，造成生活的波動與困擾，創造了寂寞的狀態。當我們能適時轉換觀點，回到當下，更加關注自己此時此刻的感受與需求，就能同時尊重他人，創造和諧美好的關係，即使獨處也會感到自在與幸福。

將焦點與選擇權放在他人身上，期待與索求他人給予我們所要的，成為習慣抱怨的受害者；還是讓關注焦點回到自己身上，能夠照顧自己的感覺，也能給予自己需要的，成為主動積極的改變者，會使我們創造出不同感受的生活。前者會讓我們感到生活孤單無助，後者會讓我們感到生活充滿自主性，能夠創造自己想要的人生。

其中也提到了當我們在溝通時，能夠真誠表達自己的內在感受，表達「心情」而非指責對方，不再把話放在心裡，感到壓抑與委屈，也能讓對方接收到我們想表達的意涵，使彼此關係更好。

當我們能信任自己，愛自己與自我接納，就會感到生活中充滿能量，也更能感受愛，跳脫與他人競爭比較，跳脫負面思考的循環，開始看見自己美好的地方。

書中許多觀點，也與我自己在諮詢與教學工作相關。看到許多人渴望親密的連結，卻時常選擇被動地等待對方回應，或是壓抑內在的感受；表達出指責與傷害性的對話背後，其實是在乎對方的心，卻無法把那份在乎說出口；渴望別人來照顧自己，卻時常忽略自己的需求與感受，重複討愛的循環，時常失去自己，也感受到寂寞。

人的內在都是渴望與人連結的，但在與他人產生連結之前，我們是否有好好與自己的內在小孩連結呢？人渴望親密與歸屬，但同時也有自主的需求，當我們能照顧好自己的時候，你會無形中發現，原來內心可以如此滿足，與他人的關係也可以感到親密與自由。

推薦序

正視你的寂寞，因為裡面一定有故事！

作家、諮商心理師　黃之盈

我們的一生，終究是在親密和自主之間，找尋平衡！平常閒來無事時，期待有人可以串門子、相聚聊八卦。尤其是在逢年過節時，一方面期待與久違的親友相見，但另一方面卻又會感受到人際之間的壓力。

每個人在面對人生的高潮迭起和幽暗低谷的需求都不一樣，有些人在挫折無助的同時，希望能和別人訴苦，有些人在低落的時刻，則期望安靜的被人照顧，又或是不想被打擾。反之亦然，在感受人生榮光的同時，有些人期待與人分享，獨樂樂不如眾樂樂，而有些人則是希望低調行事，不被關注！

這些都是在親密和自主間的擺盪，然而，我們在擺盪中不斷拋擲和定義自己的人生，在人群中感到心靈空虛，卻又在寂寞時感嘆人生是否有情！人就是這麼矛盾的生物，總是在親密的時候，想要單獨的空間；在孤獨的時候，渴望和人連結的親密感。

「孤獨」和「寂寞」是不同的，孤獨是一種不經意的選擇，而待在孤單裡面不會讓一個人奮力往外尋求更多認同；而寂寞則是一種往外撈的狀態。如果說孤獨是一個單獨的狀態，那麼寂寞就是一種對孤單的控訴，誘發一個人更不想安份的尋求更多認同！

哲學家布伯曾說：「若能承認自身存在的孤獨處境，就能深情地轉向他人。若在寂寞時被恐懼征服，就無法向他人伸出雙手，反而是亂抓浮木！」

書中提到當我們緊抓住更多的工作、不對盤的人際關係、耽溺在網路世界，又或是更多的無來由但殺時間的人事物中，最終只會換來身心的一片空虛。這種空蕩蕩的感覺，我們簡稱為「虛無」。虛無在此定義為，為了消除孤單或者孤獨，在創造看似活絡或忙碌的交際後，一種迷失的狀態。這種狀態就像漂浮似的，讓一個人突然忘記自己除了在「頭銜、不真切的人際網絡、感到不踏實的日常活動」之外，就無法定義自己是誰的狀況。這種感受說起來虛無飄渺，試想「假若把你的名牌包包、另一半的光環、社會身分地位拿掉，你還是你嗎？」這樣的存在哲學問題，就從背景浮現在眼前變成了主角，這正是這本書想要關注的問題。

當我們愈是逃避寂寞，寂寞的狀態就愈會來找你。而愈想消除寂寞的狀態，或者為了逃避寂寞就胡謅自我調侃：「反正我就是沒人要」、「反正沒人重視」、「反正也不會有人理會」，每個「反正」都是不曉得如何與寂寞相處，而將寂寞定位成低落的自我價值，變成人生扭曲的哲理或長吁短嘆，以為這就是人生！有些人為了弭平這樣的不舒服感，就趕緊再多投入不適切的人際關係、過度負荷的工作、談場只滿足自己內心空洞的戀愛等，造成個人內在的小小惡性循環，這類轉移焦點的作法，都只為了讓自己跳脫寂寞，或即便只能待在寂寞裡也能「好過一點」！

我非常同意作者提出的一個重要觀念，就是要學著「凝視寂寞」。當我們在意別人眼光的同時，將探照燈反向照往自己，也代表我們把自己的一部分先推離，才這麼在意別人怎麼看。當我們害怕單獨是個怪咖的同時，是否是因我們已認定自己的「怪」是異類？這種「試圖凝視，卻也想逃避」的狀態，其實每個人都有。這就像生命中的陰影，如影隨形，我們也害怕它會被打出原形，因為當凝視寂寞時我們可能看見髒臭的一面，不如逃避、視而不見，這樣隱約還能感受到自己是不錯的。然而這樣就更無法接收到寂寞帶來的好處和覺醒了！

這本書帶著一個善意，可以用我引用存在主義曾經說過的一段話來陳述這個觀念：「成為一個人，必須承擔全然、根本、永久而無法克服的孤獨！」承擔是種接納，包括了承攬和擔當，也就是當自己的內心空虛時，你必須承攬專屬於自己的、獨特的孤獨，當你覺得自己一個人也無妨時，就不會因為身邊的人來來去去，或者他人不經意的評價，就認定自己的一部分已經被誤解，或是被帶走了！

因為，你的存在就是「純粹的在」。沒有人能夠撼動「你就是存在」的各種事實，就像我們不會去質疑原野中的一花一樹一草一木的存在那般。凝視寂寞的本身，就像是一幅畫，既親近之，既安在之，自由且寬廣地接近自己，並且與人親近。

你的寂寞就像台時光機，讓能帶你重新親近自己的過往故事，接受自己的生活點滴。而這本書，也試圖安在我們的心，在我們閱讀的同時，時刻叮嚀提點著我們：「人生在世，既來之，則安之！既安之，凡事接納之！」

前言

每天為生活忙碌，讓我們沒時間深入思考自己的人生，也無暇回顧過往，日子就這麼一天一天過下去。

匆忙地過著每一天，在驀然回神之際，你會不會有一瞬間，覺得寂寞如風竄進心裡，忽然因一陣孤獨而感到悲傷？

比如，你是不是曾在以下這些情境中覺得落莫惆悵？

- 雖然跟家人同住，但大家各過各的，我不會對他們傾吐心事，感覺自己好像一個人孤獨生活著。

不論怎麼跟父母溝通，他們都聽不進去，也不了解我。然而就算如此，我還是可悲又徒勞地迫切期待他們能懂我的心。

渴望與他人有心靈相通的對話，卻事與願違，這讓我覺得更沮喪。

沒有稱得上至交的知心好友，也沒有任何親近的人。很希望有個人能讓我在他面前完全敞開心房。

沒有人了解我，不管身在何處、跟誰在一起，或是身邊圍繞著很多人，我還是覺得自己很孤單，心裡彷彿有一個洞。

寂寞到不知活著到底有什麼意義，也不知道如何填滿內心的空虛。

若曾經感受過前述的種種寂寞，或許會覺得，被忙碌的生活追著跑，無暇面對寂寞，是值得慶幸的。只要不把不知何時來訪的深刻孤獨感，與現在的生活連結在一起，就會覺得孤寂、落莫、冷清、無奈……，那些都是很遙遠的事。

即使明白自己是空虛寂寞的事實，孤單的心情還是不會消失，然而憑一己之力也莫可奈何，只好把它藏在內心一隅，假裝忘記有這件事。就這樣，我們一方面懷抱著各種寂寞，一方面又覺得「孤獨」這個課題對我們而言太過龐大，絕對無解。

應該有很多人認為，孤獨是「人類普遍的課題」；有些人也認為，孤獨是身為人類的基本課題，就算想破頭也無濟於事，索性一開始就放棄思考解決之道；還有一些人根本就對自身的寂寞毫無知覺。

有人會說：「我不覺得自己有那麼寂寞。」然而，他的表情卻讓人覺得根本不是那麼一回事。這種人在言談中也是一副自我放棄的態度，他們經常說：「反正人生就是這樣」、「跟別人來往，只是讓自己覺得累而已」。雖然沒有明顯的怨嘆，卻也沒有笑容，這種人已經將心封閉起來，不再抱持任何希望。可是，這麼做只是愈來愈無法體貼、親近自己，他無法重視自己的心情。他們認為，「若是得不到別人的認同，就無法靠自己的力量認同自己」，而這種思維就是寂寞的根源。

要將自己從寂寞中拯救出來，就要察覺自己的心，培養愛自己的心。如果你現在感覺「寂寞」，好好地去理解自己，就是踏出改變的第一步。

第 1 章

孤單是種狀態，寂寞是種心情

01

寂寞，是這個時代的流行疫情

不想孤獨，卻又覺得和別人在一起很累

有愈來愈多人覺得人際關係是件很麻煩的事。

「跟別人講話很麻煩。」

「跟別人在一起要顧慮好多，感覺好累。」

可是，即使這樣抱怨，他們卻又無法獨處。

「跟別人相處很辛苦，但自己一個人又寂寞得不得了。」他們總是感慨地這麼說。

只要出了門，就會在意他人目光，行為處事小心翼翼，使情緒變得相當負面；

在職場上又與人對立、反目，或發生爭執。如果生活中都是操心這些事，隨時處於緊繃的狀態，身心當然會很疲憊。

如果有家庭做為避風港，那還足堪告慰，但很多人就算在家裡也無法獲得平靜。家人之間互相否定，或只會要求對方，讓彼此心中有不平不滿，以至於無法產生溫暖心靈的對話與互動。在這種環境下生活，就算內心真的很苦悶，也會漸漸覺得跟別人在一起很煩很累，倒不如一個人還自在些。

如果家庭不睦，與人失和的情況下，想用爭吵、怨懟等負面的互動方式來消除自身的寂寞，絕對是徒勞無功。那麼做就算能暫時逃避心中的寂寞，但經常上演如家常便飯般的紛爭，會讓跟人相處這件事變得更痛苦。

在對立和糾紛的狀態下，自然會感到疲憊。在這種情形下，比起與人相處時的恐懼與痛苦，一個人輕鬆過活反倒比較好。

雖說如此，但完全與人斷絕關係又會感覺很難受。

不想獨自一人，但也害怕與人相處帶來的傷害，到底該如何跟這種矛盾心情共處？

有人會採取下列折衷的心態和方式：

- 家人之間心意不能相通也無妨，即使有名無實，也能讓人覺得安心。
- 跟別人互傳e-mail和Line，在線上交流，也會產生「跟別人在一起」的感覺。
- 喜歡透過網路、Line、e-mail與人互動，認為沒有面對面的接觸，比較不會受傷害。
- 就算自己一個人外食，至少還與外界接觸，會有「跟別人在一起」的感覺。

這些人認為如果用以上方式自處，就能避免「害怕與人相處帶來的痛苦，但完全沒有互動又感到寂寞」的問題。

不過，這麼做絕對沒辦法感受到與人心意相通的快樂、與人相處的開心，以及獨處時仍很自在的感受。就算騙得過自己一時，但一旦負面情緒來襲，就會持續沉溺其中而無法自拔。

事實上，有些人雖然無法與人相處，但卻又害怕獨處，只有自己一個人就不知道該做什麼好，一旦沒人在身邊陪伴，就會感覺不安。

我認識一位女性，她說自己無法克制浪費的習性，賺來的錢，大部分都花在衣服和飾品上，只要一看到新上市的名牌服裝和包包，就非買不可。在欣賞與挑選美麗的物品之際，就能忘記不快樂和空虛。

或許她沒有自覺到，她去美容院、護膚沙龍及美甲店，都是為了尋求與人互動。因為處於「顧客至上」的優勢，她不用擔心被拒絕或受傷害。因此，她在挑選店家時非常嚴格，會特別在意店家的待客方式，只要服務態度讓她有一絲不滿意，她就馬上掉頭去其他店。

獨居的她表示：「最讓我感到寂寞的時候，或許就是晚上回家開門後，打開電燈的那一刻吧。」

只要身邊無人相伴，她就會非常不安，而像她一樣的人，今後的社會將會愈來愈多吧。

不願一個人，也不想有人陪的矛盾心態

在人際關係中，如果能和他人有正向交流，彼此親密友好，是最理想的互動狀態，例如能滿足以下大多數人所渴望的關係：

- 受傷時，對方能馬上安慰我。
- 寂寞時，對方會溫柔地安慰我，並陪在身邊。

對方能讓我感受到幸福。

對這種被呵護、被了解的期待，也能讓人產生正面的情緒。但現實跟想像並不會完全相同，甚至還常事與願違。

當你受傷時，別人就算給予安慰，但若安慰方式不是你所希冀的，我們或許會更受傷；而寂寞時，別人前來陪伴，我們可能又覺得對方很煩，根本不願被打擾，只想自己靜一靜，反倒因此感到煩躁。就算別人可能讓我們心情變好，但看到對方一副自我感覺良好的表情，搞不好會令我們心生厭煩。就像這樣，想像的世界和現實的世界之間往往有很大的落差。

當想像中的理想狀況實現時，自己應該會覺得幸福才是，但實際卻不然，而是避之唯恐不及。這樣的結果，反倒讓人更煩悶、更寂寞了。

碰到這種狀況時，你該如何自我拯救呢？

一直深藏心底的寂寞，會在某個瞬間，
不經意從心的縫隙中透出來。

02 你的寂寞，是沒有鑰匙的鎖

說出感受，才能讓人聽到你的真心話

本以為寂寞時有人陪在身邊，就不會再感到孤單，但如果事與願違，反倒覺得對方很煩人時，你會怎麼做？

你是不是覺得，既然如此也沒辦法，只好忍耐，然後內心感慨現實果然跟理想不同？又或是更進一步想著：「就算他陪在我身邊，為什麼我還是寂寞，覺得不快樂呢？或許我並不喜歡他吧」，然後又開始哀嘆、煩惱。

那麼，要是你跟對方能有以下的對話，情況又會變得如何？

「謝謝你為我擔心。」

「你還好嗎？有沒有什麼地方我可以幫你呢？」

「聽你這麼說，我覺得自己好像比較有精神了。」

「太好了！」

「嗯，不過，我現在希望什麼都不去想，只想要自己一個人先靜一靜。」

「這樣啊，我知道了，如果你有需要再聯絡我。」

你能這樣坦誠告訴對方自己的心情嗎？

如果你能在與別人溝通時，也能重視自己的心情，而不是一味迎合別人或被動地接受別人的意見，那麼就算想像跟現實間有所落差，應該也有辦法一點一點地縮短兩者的距離。

看了前述對話的範例，你或許覺得自己能做到勇於表達內心真正的想法。不過，光看書本上的文字陳述的確是很簡單，但遇到實際狀況，一般人卻不一定能輕易說出口。

有的人甚至連「謝謝」都說不出口或根本不想說；還有人就算能勉強吐實，但也並非毫不隱藏地把心裡所想的全都說出來。

現在，請你試著開口讀出前一頁的對話。讀出聲音之後，你對這些句子有什麼感覺？試著說出口，你就能立刻明白，你平常能說出這些話嗎？還是覺得表達內心感受是件很難以啟齒的事？

如果你平常就會與人這樣溝通，你會說得很順，也不會感到扭捏或不安。但假使你平常從沒說過這類對話，就會愈想抗拒去嘗試，心裡也覺得怪怪的。這種抗拒感和彆扭的感覺，讓你無法說出真心話，因為不能被了解，最終導向孤單寂寞。

從這個例子也知道，出於寂寞而渴求陪伴，不一定就能消除寂寞；與人談話，也不一定能立刻獲得慰藉。

一定也有人認為，如果跟別人在一起還是覺得寂寞，這種情況比起有人作伴帶來的滿足感，反而更讓人受傷。這是由於他們無法與他人有「心靈相通」的談話。又或者是，就算身邊有人，但仍覺得不滿足，還想要獲得更多。

如果你是這類型的人，即使有人陪，卻仍然寂寞空虛，那可能就是你缺乏與人心靈相通的談話，又或是你可能是負面、悲觀的人。

不論怎麼嚮往自己腦中勾勒出的世界，若是不知道讓它實現的方法和技巧，也只是無法到達的烏托邦。

尤其如果在過去的家庭關係和成長環境中，未曾擁有過正面的人際互動，就更難讓夢想的世界化為現實。而且，對正向情緒的感受力也會比較遲鈍，或是根本缺乏這樣的能力。

這種人要走出寂寞的困境，就必須學習相關的方法與技巧。

03 藏在潛意識裡的寂寞

孤單的情感壓抑與人際疏離

如果缺乏與人正向互動的美好經驗，就不知道實際上那是種什麼樣的感覺。這是非常嚴重的問題。在這種情況下，我們誤以為自己能想像那種情境，覺得那時的自己一定會充滿正能量，認為只要有人陪伴，就會不再孤單。

事實是，如果沒有體會過正向感受，就算別人真的用心對待你，但你依然會感覺孤獨。甚至有人連自己擁抱著寂寞都不自覺，就算隱約發現，他們的潛意識也會對此視而不見。因為，若缺乏與人親密互動的技巧，就算能察覺自己的寂寞，也無能為力，只是徒增痛苦罷了。

為了補償這種失落感，有些人會拚命追求名譽、地位等外在的虛名，或是財富、外表，也就是希望獲得別人的認同，來填滿內心的空虛。

這樣做，確實能帶來成就感，也能暫時沖淡寂寞。然而這只是躲避自己的寂寞、逃離問題的本質，即便一時得到滿足，但心靈還是空虛。因此，這些人會覺得：

- 理想與現實間有極大的落差。
- 自己無法與人好好互動。
- 就算以其他事物來補償，依舊無法填補內心的空虛。
- 即使坐擁名利財富，還是期待能有人陪伴，獲得關愛。

此外，他們從家庭中習得的人際互動方式，不是一直忍耐，委屈求全，就是以哭泣、爭吵等激烈的反應來表達內心感受。如果是後者，他們就只能使用負面的方式，與人產生互動。

無意識的行為會透露出寂寞

在每次的講座或諮商完畢後，總是有人會忘記帶走筆、筆記本或手帕等物品，然後又返回會場來拿。

看到這些人時，我心裡都會這麼想：「因為你很寂寞，所以很想與人互動吧。」

為什麼他們會忘記帶走東西？可能的原因當然很多，不會只有一種，但我想其中一定有人是由於潛意識裡還停留在與大家共處的情境，無法馬上轉換為一個人獨處的心情。

事實上，我因為了解他們的生活情況，知道其中有人剛辭去工作，或是獨居，才會推斷他們忘記帶走東西是寂寞的一種表現。

此外，還有人會寫e-mail給我，反覆詢問講座、諮商的訊息及書裡的內容。我想，或許有人真的是有疑問，所以想加以確認，但應該也有不少人是出於寂寞，而想趁機跟別人說話，或希望我能與他有所互動。

藉由提問，能試探別人對自己有什麼反應。而且，以這樣的方式與人溝通，不需主動表達自己的意見，也能減少因彼此想法不同而產生爭執，或讓自己受傷的風險。別人的反應若如自己預期，我們就能安心地進一步與對方互動。更重要的是，提問就能與對方產生交流。

提問者雖然認為，自己是想了解更多而提問，但潛意識裡，卻也可能是由於寂寞，而一再重複這樣的行為。

很多人會刻意表現自己「個性開朗」的那一面。不過，觀察那些說自己樂觀外向的人，會發現不少人怎麼看都只是在勉強他們自己這樣表現而已。

有人能隱約察覺到自己的假面，旁邊人也能感覺得到那種刻意；相反地，也有人習慣到渾然不知，心情總是high到頂點。

這種沒發現自己是在故作開朗的人意外的多，其中也隱藏很大的問題——既然**沒有意識到自己正在勉強，當然就無法察覺這種假裝會帶來多大負擔**。這種人會一直撐到筋疲力竭之際，才崩潰地發現這個事實。

「我已經沒辦法再繼續ㄍㄧㄥ下去了，我真的好累，什麼都不想做了。」直到那個時候，他們才終於發現自己是在硬撐，同時也會感受到突如其來的強烈寂寞。

相反地，也有人對於自己不在意別人、活得很自我中心而感到自豪。他們目中無人，只想表現自己，與人交談時只是自顧自的說話，根本不在乎對方是否聆聽。即使自以為是的說話方式造成別人困擾，他們也不會察覺。如果只是表面上的互動，交淺不言深，他們這種倨傲的態度或許還不成問題，但一旦彼此熟識深交，就可能與人形成對立、產生爭執，因而被孤立或排擠。直到那時，他們才會真正嘗到寂寞的滋味。

04 專注「現在」，寂寞就能消失

獨處，可能是天堂也可能是地獄

日本有個名為「日本秘境有房好吃驚」的電視節目。節目會介紹一些住在深山，遠離人煙的居民。

我對其中一集的一位銀髮族印象很深刻。那是位獨居的老婆婆，她住的地方種著石楠花。她說，石楠花對她而言充滿了回憶，她就像住在「天堂」一樣。

此外，她家周圍四季也都會開滿不同的花。庭院裡有個去世的丈夫非常重視的角落，現在還保存著他在世時的樣子。

這位九十三歲的老婆婆，現在仍過著自給自足的生活。她說，每天照顧蔬菜，看著它們成長的生活很有意義。她的表情看起來無比滿足。

相反地，節目中介紹的另一位男性，比前面提到的老婆婆年輕許多，溫文儒雅、穿著也很有品味，他笑著介紹自己的住處：「這裡什麼都沒有喔」，「只有空氣新鮮，水質甜美」，而他的笑容卻透露出了幾許寂寞。

這兩人都是獨居，**境遇也相似，有人認為是天堂，有人感受到的卻只有孤獨**。從他們的感受截然不同這一點來看，我們可以思考一下「心態」的問題。

每個人的所言所思，都會受到過往的生活和記憶所影響。說自己身處天堂的老婆婆，或許是因為在那裡，她能好好回憶過去與丈夫、家人在一起的幸福時光；表現出寂寞的男性，或許是覺得重要的人已經不在身邊，人生似乎了無生趣。

兩人的差別，只在於回憶過往時專注的面向不同，這也決定了他們感覺現在是幸福或不幸。這個例子讓我們了解到，不論對於「過去」或「現在」，認知方式非常重要。

回憶過去時，如果習慣執著於不愉快的往事，自然也會把焦點放在現在較為負面的部分。相反地，若總是想著快樂的往事，現在的生活當然也會充滿喜悅。

過往的種種片段累積起來，能讓一個人感覺自己是幸福或不幸。說自己「總是很寂寞、很倒楣」的人，實際上可能並非真的是如此。現在他感到絕望，或許只是因為自己感受到的是痛苦，這單純是認知方式所造成的結果而已。

凝視寂寞，才能看見真相

提到「孤獨」，會令人覺得它是一個很龐大的命題，似乎不可能解決。的確就「每個人都是獨立個體」的這一點來看，身而為人本來就是孤獨的。誰都不能取代我們，所有的苦痛磨難都得自己承受。

愈是要挑戰孤獨感與寂寞，企圖從概念或哲學上找出答案，就愈是迷惘，如果真能找到答案，或許也只是讓人更覺得寂寞吧。

不過，我們真的孤獨嗎？

我經常在想，就算人原本真的是孤獨的個體，但面對寂寞時，若能專注於「當下」，結果或許就不一定是這樣。例如，我們有時會感到焦慮或不安，但絕不可能永遠都處於這種情緒中。在憤怒和悲傷時也是一樣。

有人會說自己總是感到焦慮或不安，當下我都會請他們察覺自己處於這種狀態時，看到什麼、想起什麼、在想什麼，又做了什麼。

這麼做，就可以找出焦慮與不安的來源。**若能因應及解決導致焦慮和不安的原因，就能讓這種狀況慢慢緩和或消失。這點在臨床上也獲得證實。**

寂寞也是一樣。你所感到的寂寞情緒是怎麼產生的？為什麼寂寞難耐的情緒好像會永遠持續下去？到底要怎麼做才能消除寂寞？

有人會說，人本來就是孤獨的，任誰都無法改變這個事實；或是說人類天生就有孤獨的基因，所以不可能改變。不過，寂寞會不會其實就跟不安和焦慮一樣，只是許多人先入為主的想法？

如果真是這樣，那麼，只要我們在感到寂寞時去面對它、處理它、克服它，或許多少就能擺脫我們一直深信不疑的，那個「孤獨天註定」的想法了。

人或許是孤獨的，
但也有方法能處理
「當下」感受到的寂寞。

關於本書的理論基礎——「自我中心心理學」

我接觸心理療法多年，並以自己獨有的觀點，將心理的運作歸納為「以自我為中心」及「以他人為中心」這兩個概念，統稱為「自我中心心理學」。

正如字義，這兩者關鍵的差異在於，你是「忠於自我而活」，還是「以他人本位而活」。

以自我為中心而活，在面對人事物時，會優先以自己為中心的角度來思考、判斷，進而選擇、行動；若是以他人為中心生活，面對事物時，就會以對方的角度來思考、判斷，進而選擇、行動。

如果缺乏自覺，這些選擇就幾乎都會是自動進行。因為從一開始，我們就已經決定了自己將如何看待的事物和面對選擇。

由此可知，自己的意識是對準自己還是別人，會帶來截然不同的生活方式。

你是一直受他人左右，「以他人為中心」的人嗎？

「以他人為中心」，意指個人在做判斷、選擇和行動時，會以別人和外在做為標準。因此會重視一般常識、規範、規則、規定、習慣、習俗等。比起自己的想法和感受，會更想去迎合、適應外在的標準。

這種人比較不重視自己的想法和感受，而是把思考和知識擺在第一位。凡事都要評估利益得失，以及計算勝敗風險，是以他人為中心下的產物。此外，像是與別人比較，競爭優劣強弱，也是從以他人為中心的意識所產生。

我們既定的感受和想法，都會成為一種限制。當我們的意識是對準別人或外在時，就會忽略自己對所見的人事物「有何感受」、「有何想法」，這是身體自然的反應，或許也就因此喪失了同理自己的能力。而這種以他人為中心的意識與「寂寞」也有很大的關係。

「個人本位」不僅無法排解寂寞，甚至會傷害他人

有些人會誤解一種狀況，那就是為了自己的欲求和願望，於是什麼都得按照自己想法，這就是「個人本位」。

不少人會將「個人本位」和「以自我為中心」搞混。以自我為中心是重視自己的感覺，但同時也會尊重他人，能與認同他人；個人本位則是根本就不在乎別人的想法，只以自己的利益為第一考量。

這些人不知道如何靠自己的力量滿足心靈，所以會往外索求，於是，他們一方面感覺極度不安，不知道誰能填滿自己的空虛；但另一方面，若有人真心相待，他們又會認為這是「理所當然」，而無法與人心意相通。

他們不會打從心裡尊重與尊敬他人，也不謙虛，分不清自尊心與傲慢的差別，當然也不具備同理他人的能力。所以，他們對自己受傷的反應非常敏感，卻不會察覺自己也在傷害別人。

而且，他們看事情的角度很單一，所以會因為一己私利而傷害別人、奪取他人

之物、威嚇或強迫他人，侵害他人的自由。

若是個人本位主義的人愈來愈多，就會形成弱肉強食的世界，人心和社會也會漸漸分崩離析。他們不僅無法信任別人，也無法相信自己。如此一來，當然只會感到孤獨。想要以個人本位的生活方式來終結孤單，根本是不可能的事。

「以自我為中心」是為了要感受自己的心

反觀「以自我為中心」是以自己的心為標準，包括重視自己的感覺、欲望、意志等，以此來做判斷、選擇，進而付諸行動，所以判斷與行動的標準都是自己，但這不是「自我中心」，不把其他人放在眼裡的自私心態。

想要「以自我為中心」，就必須看向自身，而非外在事物，這一點是和以他人為中心最根本的差異。因此，若以「以自我為中心」的方式來生活，在面對事情時，會專注於自己的感覺、情緒、欲求、五感和身體的感受，也會經常在內心問自己：

● 我現在有什麼想法？
● 我有什麼樣的心情？
● 我現在在想什麼？
● 我如何看待已發生的事？
● 現在我的內心和身體有什麼樣的感覺？

會這樣自問，這是因為要了解自己，而把焦點放在自己身上，感受自己。

了解自己，就能靠近自己的心。

了解自己，就不會背叛自己的心。

了解自己，就不會傷害自己的心。

如果能察覺自己內心的糾結與負面感受，就能努力去消除它。而為此所做的努力，也可以說是「愛自己」的表現。如此一來，就能滿足自己的想法、欲求與願望。

這就是「以自我為中心」，也可以說是為了「相信自己」所做的努力。

想消除寂寞，就要好好觀察自己的心

「以自我為中心」有一個非常明顯的特徵是，時常關注自己「當下」的狀態，並對這樣的狀態有所自覺。

以他人為中心者，會將外在的事物當作重要資訊，然後有邏輯地去觀察、分析、推測，再做決定。乍看之下，這種決定方式很合理、有效，也符合利益。但是，這種決定方式裡並沒有包括自己的想法。

我們有心靈，有肉體，即使能單純根據合理、有效、符合利益等各種理由來做出決定，但執行決定的依舊是有情緒、擁有血肉之軀的自己，我們不可能像電腦一樣毫無知覺地去執行。

就算理論上可行，但那充其量也只是腦中的概念而已，人類真的能確實執行自己所想嗎？即使我們在思考之後，知道這個決定對自己絕對有利，但若是內心感到抗拒，恐怕也無法真正實行。

一旦我們以他人為中心，為外在條件所困，就會看不清自己。在這樣的狀態下，又如何能了解自己？想要了解自己，就必須察覺自己的內心，不這麼做，就不知道自己到底想要什麼，或是不想要什麼。

要記住，自己當下的心情非常重要。很多時候，即使我們有所感受，也可能因為沒有仔細體會，就讓那些感覺溜走，但如果要具體掌握自己真正的想法，就必須好好觀察自己當下的心情。簡單來說，就是感受自己。

比如，感覺寂寞時，要去了解自己現在是——

- 看到了什麼而感到寂寞？
- 在想什麼而感到寂寞？
- 回憶起什麼而感到寂寞？
- 在做什麼而感到寂寞？

像這樣去感受自己「當下」的感覺，才能了解自己。

從外在行為了解自己的潛意識

自我中心心理學非常重視生活中的每一個層面。就算是我們認為平凡無奇之處，如果仔細去觀察就會發現，我們在這些地方都會出現相似的思考與言行舉止。甚至某些部分，可說是濃縮了一個人的處事模式。那是因為我們的言行舉止都受到內在意識的左右，是意識選擇後的結果。

如果自己的潛意識是負面的，我們就會在這個前提下理解事物，不論思考、選擇或行為，都是以負面的意識為基礎。

相反地，若潛意識是正面的，我們也會在此前提下理解事物，不論思考、選擇或行為，都是以正面的意識為基礎。

因此，內心潛藏寂寞的人，在思考時會往讓自己更寂寞的角度去思考，也會不知不覺表現出帶有孤獨的言行舉止。不論他的外在表現得多開朗，如果不是依隨己心的行為，這麼做只會讓自己更覺得孤獨。因為這種行為本身，就等於在自我否定。

即使我們沒有自覺，也還是會在不知不覺中根據自己的潛意識做選擇。

人本來就是孤獨的嗎？關於這個命題，我們無法獲得確切的答案。即使處於相同環境，有相同體驗，有人會覺得寂寞，但也有人不然。

若去探索這兩者的差異，或許就能接近所謂「寂寞」的核心。

透過自我中心心理學了解寂寞

當我們以他人為中心的觀點來思考、行動，不論如何都會去在意周遭，以及和自己互動的對象。一旦發現自己有這種情況，就要把意識拉回到自己，觀察自己的心。若意識專注在自己的心，就能知道自己有什麼感覺，有什麼體會。而那些情緒和感受，全都是真實的你。

不論處於什麼狀況，對我們來說最重要的對象都是自己，而非別人。就連在人際關係裡也一樣。

我們不該在意周遭的人會「怎麼想自己」，而要專注在你自己「是怎麼想別人」、「有什麼感覺」。

一旦專注於自己的感受方式，就能知道自己對別人有什麼感覺。而那或許就是解決「寂寞」的其中一項關鍵。

第2章

捨棄負面的人際關係，才能擦癒寂寞

01 擁有再多空虛的人際關係，也不會讓人心靈滿足

不願付出，所以寂寞

人際互動可分為正面與負面兩種。然而，只有在正面的互動關係下，才可能產生想幫助對方的心情，而這是出於「自己想這麼做」的動機。雙方若對於「幫助」或是「被幫助」都能感到愉快，就能產生安心感、滿足感與信賴感。若是少了這種樂於助人的心情，只會建立無法心意相通的負面關係。

在這種關係裡，就算自己根本不想幫忙，也可能會在衡量利益得失下勉為其難去做：「如果我幫他，對我日後會比較有利，那還是幫忙好了。」

不過，如果是因為「不做會有損失，所以不得不做」、「雖然不想做，但也沒辦法」，出於這種被迫的感覺，當然就會心不甘情不願。

也就是說，我們只能與人建立負面關係，便容易自我封閉，感覺不快樂，那麼孤立感和孤獨感自然會變得愈強烈。

因為寂寞所以逞強，但逞強又覺得寂寞

比起正向溝通，許多人更熟悉負面的溝通方式。

這些人無法與他人建立良性互動，但又難以忍受寂寞與孤立，於是用「爭執」的負面方式溝通，因為這是他們熟悉且擅長的方式。但是，爭執會衍生不快的情緒，反倒與對方關係更加惡化，結果就是又把自己推向更寂寞的深淵之中。

在這種情況下，他們的話語或行動雖然是不友善的，但對方會因為被激怒而有所反應或反擊，這麼一來，自己就更不想改變原來惡劣的言行方式。就算知道這樣

的相處模式，只會讓人變得孤單，或許還會把對方推得更遠。即使因此而讓自己更寂寞也仍一意孤行。

典型的例子就是親子間和夫妻間的爭執。很多深陷其中的人希望停止爭吵，但卻只知道用負面的方法來解決。

若一直持續這種對立的關係，即便藉由吵架的互動能消弭部分的寂寞，但在不斷爭執的過程中，又會讓人更覺得寂寞，形成惡性循環。

心懷恨意的人最孤獨

有些人不願建立正向的人際關係，把負面的人際關係當作是自己生存的意義。不幸的是，有些人在極度嚴苛的環境中長大，只經歷過負面體驗，身心受創，於是認為「憎恨才是人的生存意義」。

如果這些人從童年時就伴隨他們一路成長的憤怒、恨意突然在這一瞬間完全消

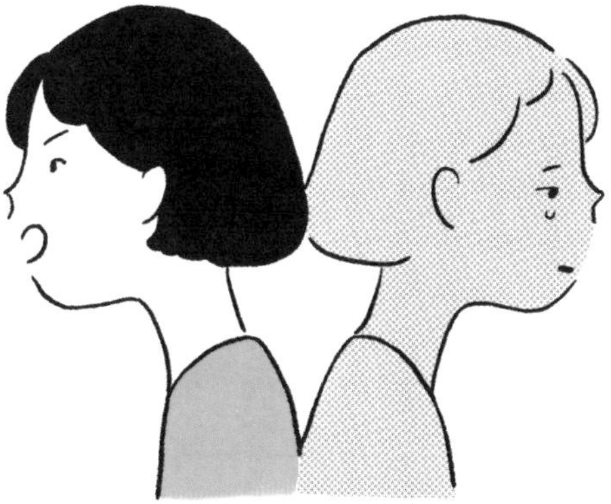

為了要保護自己，
所以攻擊他人，
但又因此厭惡這樣的自己。

失，你覺得他們會有什麼感受？你可能認為，他們憎恨他人，自己也會感到痛苦，所以假使能從痛苦中解脫，便能鬆一口氣。遺憾的是，並非如此。試想對這些人來說，這就如同他們過去幾十年來賴以生存的意義突然一瞬間消失了，而且他們完全不知道什麼是正向的互動方式，也從未體驗過正向的感受。

以前他們能以憎恨引起騷動，看著周遭的人恐懼、慌亂，而感到異常快樂。如今雖然這種負面的人際互動消失，然而他們又不相信自己能得到別人的愛，在這種狀態下，就算別人看他們的目光是溫暖的，他們能有正向的感覺嗎？

就算別人充滿善意，問說：「你在想什麼？希望你能說說自己的心情。」他們可能也不知要如何表達。如果他們發現當自己不再怨恨、憤怒，居然也不會覺得快樂、如釋重負，應該會覺得錯愕吧。甚至可能對於過去以憎恨為生存意義的自己感到絕望，進而喪失活下去的力氣。

02

服從者與操縱者，究竟誰處於優勢？

「支配」與「依賴」的關係也無法排解寂寞

從「想要與人互動」的角度來看，如果不知道怎樣和對方建立正向的社交及溝通方式，就會企圖藉由爭吵或命令的負面言行獲得主控權；又或以消極順從的態度，避免與人產生衝突。這種事，我們每個人平常都在做。例如以下情況：

● 聽別人發牢騷。

● 因為對方一直犯錯，所以不斷給予瑣碎而片斷的指示。

- 由於不喜歡對方的態度，而忍不住勃然大怒。
- 對方強勢地下指示和命令，自己只是沉默照做。
- 一直說出傷害對方的話，做出傷害對方的事。
- 被別人否定時，自己也以否定對方的方式來回應。
- 執著勝負，樂於與他人競爭。

即使人們採取負面的方式互動，也是為了與他人產生連結。

我們可能認為，「聽對方抱怨」是一種親切體貼的行為。然而，抱怨者與聆聽者，可以說是一方處於下位，另一方居於上位的支配關係。聽對方抱怨的人，或許會因為「我聽你說」的這種立場，自認為是為人設想，體貼別人的舉動，所以對方理應也會感激自己的貼心舉動，因此心懷感激，為此覺得自己居於優勢。

但事實上，抱怨的人才是居於上位，因為他們藉由抱怨來博取對方同情，讓對方的心情順著自己的情緒走，在自我中心心理學中，稱為「利用同情的支配」。

抱怨的人，是利用「同情」來支配對方

生活中常見到母親對女兒嘮叨、丈夫對太太抱怨工作的事、妻子跟鄰居埋怨丈夫和小孩之類的家庭瑣事。這時聽對方發牢騷的人可能會覺得，相較於當事人，自己是居於上位。不過，他們心中卻有著「不聽對方抱怨的話，我會有罪惡感」的心情而無法拒絕，所以雖然痛苦，仍選擇勉為其難地聆聽對方大吐苦水。在這種情況下，與其說他們「支配對方」，其實是「被對方支配」。

那麼，如果你所面對的，是別人一直犯錯的情況呢？

在職場中，要是同事犯錯，尤其是跟自己直接相關的工作，我們都會忍不住從旁提醒他應該怎麼做。然而，對方卻一直屢犯不改，即使不斷耳提面命，他也不想

改正。這時我們不免會怒火中燒，抱怨或責備對方，甚或情緒化地咆哮怒罵。結果就變成我們一直在意犯錯的人，總是不斷擔心他們會出狀況。

如果是這種狀態，就算最初覺得自己是居於指導者的上位，終究也會演變成不管自己是否有時間或有餘力，只要對方一犯錯，都會先擱下手邊的工作，插手去管對方的事。這麼一來，自己就成了「被支配」的一方。而且，若因此感到煩躁憤怒的話，那就是完全受對方左右了。

再舉一個例子。如果你面對的是沉默順從強勢的人，那又是什麼狀況？

從被對待者的角度來看，當對方蠻橫地提出指示、命令，單方面施加壓力，這些人則是退縮、膽怯，沉默順從。在強勢的人看來，對方是很好指揮的聽命對象。

不過，就算是這麼爭強好勝的人，一旦面對的對象不同，態度也可能會有一百八十度轉變。那就是在遇到比他們更強勢的人時，其態度也會變得相對柔軟甚至卑微。這就是所謂的「關係性」。

互動的雙方一旦形成這種「遇弱則強，遇強則弱」的關係，處於被支配的人就會沉默順從支配的人。看起來，在「支配與被支配」的關係中，被支配者或許比較吃虧。但實際上並非全無好處。

例如：

- 自己不必做判斷。
- 只要乖乖聽從對方的話，就不會被責備。
- 不用負責任。
- 可以一直依賴別人。

像這樣，聽話照做的乖乖牌，可以完全將責任丟給強勢的人。在這種關係中，強勢者可能沒有自覺，以為完全支配對方就是占上風，但一旦意識到自己必須背負對方的責任，或許可能會倍感到壓力而覺得憤怒也說不定。

負面互動的暗黑心理學

正如前述，在負面的互動方式裡隱含交錯著支配與依賴的關係，很難區分到底哪一方才是真正的支配者或依賴者。

所以，若從潛意識的角度來說，這樣的互動方式或許可以替換成以下說法：

- 其實是自己想讓對方發牢騷。
- 是自己想提出瑣碎的指示，所以才讓對方犯錯。
- 是自己想情緒失控、咆哮怒罵，所以才讓對方有機會表現出負面態度。
- 是自己營造出願意順從強勢者的「依賴關係」。
- 因為自己不懂如何正向溝通，才用傷人的負面溝通方式，藉此跟對方互動。

● 想藉由互相否定彼此的言行來與人產生連結。

● 彼此的作為都是為了要互相競爭。

藉由建立負面的人際互動關係，成功逃避藏在潛意識最深處的「寂寞」。

03

你最該討好的人，是你自己

只有自己，才能填滿內心的空虛寂寞

以他人為中心的人，由於太在意周遭及他人的想法，所以無法靠自身力量滿足內心，於是就會覺得——

- 如果沒人愛自己，他們就無法滿足。
- 一旦得不到別人認同，就難以安心。
- 沒人在身邊，就感覺寂寞。

他們期待別人來填滿自己感到空虛匱乏的心。但是別人的反應和所說的話，並不一定能如自己期待。嚴格來說，我們和別人的想法不可能百分之百相同。因為只有自己最了解自己，而且能充分滿足自己內心的人，也是自己。

從「愛自己」這一點來說，將滿足內心的任務交給他人，無法靠自己滿足自己的需求，可說是「以他人為中心」的人致命的弱點。

當自己跟別人的想法落差愈大，就會產生更多的不滿。若心懷怨懟繼續期待對方，就會演變成以下結果：

不管我怎麼說，他就是不聽我說。

跟他完全無法溝通！

不管我怎麼說，他都無法理解。

我們總是意見不同，再怎麼說也沒意義。

他從來不曾贊同過我。

● 說了也是白說，只是形成對立而已！算了，我已經放棄跟他溝通了。

如果沉浸在憤怒的情緒，進而自怨自艾地感嘆：「都沒有人了解我。」「我不知道該怎麼處理這種情緒。」就會更感到絕望無助。

當這種無助的心情益發強烈，使人完全被孤獨感擊潰時，就會很想牢牢抓住些什麼並且放聲大喊：「無論是誰都好，我只希望有人能將我從這種狀況中解救出來！」

一切都是別人的錯？

以上這些無處可訴的內心掙扎，當然只是自己片面的說法。

這時，如果能聽聽對方的說法，他肯定會這樣回應你：「你根本不聽我說，對我的想法，完全充耳不聞！」

的確，當你主張「A」，對方也表示認同時，你就會感到欣慰。但，如果對方主張與你想法不同的「B」的話，你又有何感覺？

這時，你或許會覺得對方不了解你而感到受傷，或者無法認同對方主張B的心情，畢竟你期待對方能順你的心意，理解你的想法。

要是你稍微再堅持一點，對方可能會同意退讓，但即使表面上答應你，卻明顯顯現出無法認同的態度和表情。你可能暗自慶幸：「他能認同真是太好了」，但同時又覺得不開心：「什麼態度嘛，那種皮笑肉不笑的樣子……明明可以愉快一點同意的。」如果只是單方面要求對方順從，就會經常得到這種結果。

不管如何，如果不知道靠自己滿足心靈的方法，就會向外索求。一旦這樣做，自己的心就一定會受對方的反應影響。事實上，當我們受他人左右時，自己也是會有感覺。但即使如此，由於不知如何處理與調適心情，於是又陷入不斷外求的惡性循環中。

像這樣，當一方想這麼做，另一方卻想那麼做，在雙方的期望和想法出現歧異時，彼此都認為自己才是正確的，同時也都覺得不被對方了解而感到不滿。當這種情緒變得強烈時，經常就會演變成爭執。

常有人問我：「和對方意見不同，形成對立時，應該怎麼做才好？」只是，這些人所說的，真的是所謂的「對立」嗎？

若是以他人為中心的角度來看，當我主張A，對方主張B時，確實就會產生紛爭。又或者他們腦中只有二選一的想法：「我覺得不錯的選項，對方覺得不好；但對方覺得好的選項，我又覺得不妥。」，還有「我贏的話，對方就會輸；我輸的話，對方就會贏。」

在這樣的前提下，就無法思考如何找出折衷的方法，讓意見不合的雙方都能皆大歡喜。

自我中心心理學的基本概念是：「為了愛自己，要做出符合自己心意的選擇。」第一次聽到這個概念的人，一定都會心存猶豫，覺得每個人要是都堅持己見，那問題完全無法解決，社會肯定大亂。在以他人為中心的思想洗禮下，會有這種誤解自然不令人意外。

04

說出真心話，才能與人拉近距離

別人有拒絕的權利，你也要有被拒絕的！

當你想請對方幫忙，但對方卻回你：「現在我沒辦法喔。」這時，你會怎麼想呢？

如果你執著於「以他人為中心」的想法，覺得對方應該要把手邊的事暫放一旁，先回應你的要求，如此一來，對方的拒絕或許就會讓你受傷。

但如果你是以自我為中心的人，這時候就能理解對方之所以會說「不」的出發點，也能打從心底認同他有「拒絕的自由」。

其實，從對方回話中，如果你察覺出他有意想幫忙，也就可以繼續試著詢問：「那你什麼時候方便呢？」，或者你配合對方的狀況回應他：「我希望今天能夠完成，所以能請你有空再幫忙嗎？」，又或是你也可以將需要對方幫忙的時間稍微往後延：「那晚餐後可以麻煩你幫忙嗎？」

如此一來，對方也覺得比較沒有壓力，因而願意提供協助。這樣就不會與對方形成對立，彼此的需求都能得到滿足。

說出真心話，讓人更懂你

即使我們期待跟他人能夠心意相通，但在相處時多半會顧慮對方，而壓抑個人感受，常順著對方。又或者，就算希望與他人互相認同、彼此重視，但卻不知道方法，也不懂技巧。

如此一來，跟別人在一起時就會覺得疲累，但自己一個人又感到寂寞，不管在

若能坦然說出真心話，
就不會覺得和他人相處
是件痛苦的事。

什麼情況下都會覺得很辛苦。

你是否也曾有過與人相處時，不知該如何和對方正面互動的經驗？你可以回想看看，你是如何跟朋友、同事、男女朋友、家人、配偶、父母或孩子溝通互動的？尤其是你們在一起時，你心情如何呢？你會一直顧慮對方的想法而戰戰兢兢的嗎？還是你覺得滿足、安心及幸福？

以下我們來看一段男女對話的例子。在談話前，他們先確認彼此是否方便談話。

「我想稍微跟你聊一下之前的事，可以嗎？」

「嗯，好啊，我也正好想聊聊。」

然後，仔細傾聽對方的話。

「我是這麼想的，你呢？」

「我是這麼想的……」

「這樣啊，確實也可以從這個角度來看。」

談話時，就如同傳接球般有來有往。

「我想這麼做，你覺得如何？我想聽聽你的意見。」

「我是這麼認為，你覺得呢？」

「原來如此，那樣也不錯。」

「這樣子啊，我現在理解了。」

「你能再詳細說明一下嗎？」

如此，就能無所顧忌地說出自己的期望。

「我希望這麼做……」

「啊，原來如此，事實上，我的想法是……」

像這樣，如果能像傳接球一般有來有往地對話，就無須猜測對方的心意，擔心自己有無說錯話。由於談話能平和地進行，自己就不會焦慮，因為內心不會受傷，就能安心、坦然說出自己的感受。

最重要的是，能讓這段談話的時間變成「令人覺得滿足的時間」。

如果能建立起這樣對話的關係，應該就可以讓無人能懂的寂寞心事，轉變為能讓對方理解的幸福吧。

05

以正面方式來表達負面情緒

停止內心小劇場

你是否不只害怕說出寂寞的感受，也一直認為，如果將難受、痛苦、悲傷、不安、恐懼、憤怒等種種負面情緒化作言語說出口，就會影響人際關係？或者，你是不是害怕若說出喪氣話，別人就會當你是弱者，而看輕你？

請不要認為說出喪氣話，會造成別人困擾。你應該這樣想：正是因為你忍耐，不說出內心真正的感覺，才無法與對方心意相通。但這當然不是鼓勵你得情緒化地怒罵他人、大吼大叫、攻擊對方。

舉個例子。假設你控制不住怒氣，指責對方：「你為什麼擅自做決定?!」這時請你思考一下，為什麼想指責對方?在演變成這種狀況前，你一開始的心情或許是：「這明明是兩個人的事，但他完全沒跟我討論就擅自決定，我真的好可悲。」然後，這件事在你腦中揮之不去，你可能又想：「他沒有找我商量，一定是因為不信任我，這讓我感覺好孤單。」

但如果在怪罪對方之前，你能先坦誠告知自己的心情，又會是什麼狀況?相信你的心情應該會輕鬆一點，之後也不會演變成雙方爭執的局面。

在男女朋友之間，經常出現女性一直責問男性，但男性卻沉默不語的情況。

假設A女責問B男：「你當時為什麼沒聯絡我?」這時，B男可能覺得男人找藉口是俗辣的行為，因此選擇沉默忍耐，於是便默默被罵，打算用不回應的方式來應對。又或者，他純粹是因為突然挨罵，不知如何處理，沒有對應的技巧罷了。這種狀況也是出於兩人的「關係性」。

如果用不同角度試著感受看看，或許就能理解。站在A女的立場，正是由於對方毫無反應，讓她更加不滿，所以愈想利用責罵他，刺激對方開口，以得知對方的想法：「你不要悶不吭聲的，也說些什麼啊！」

相反地，從B男的立場來看，他會認為「你單方面情緒化地罵我，我根本沒辦法回應啊」。心想自己要是反駁，對方搞不好更生氣。與其冒這種風險，還不如沉默，這才是最安全的應對方式。他會這麼想也無可厚非。

正因如此，在演變成「責罵與沉默」的局面前，最好彼此能說出自己的想法和適度表達情緒。若不慎演變成「責罵與沉默」的狀態，之後還是有修復的可能。方法就是「坦誠面對自己的情緒」。

比如說，要是覺得自己傷害了對方，一直耿耿於懷，但要當面道歉卻又實在說不出口時，不用強迫自己一定要親自和對方見面，可以利用e-mail或傳訊息與對方解釋。

「那時候我雖然想馬上跟你道歉，但又很怕說出來你會誤解，導致我們的關係更僵，以至於提不起勇氣開口。即便如此，我想道歉的心情還是沒變。希望下次見面時，你能給我機會說明。之前我沒考慮你的立場就擅自行動，真的很抱歉，請你原諒我。」

如果能誠心誠意地說明，讓對方知道自己的心情，就能修復彼此關係。

第 3 章

孤獨感來自童年的傷痕

01

寂寞或許是源自於童年時的忍耐？

當老大，就是要分享和禮讓？

「自我否定」與孤立感、孤獨感有密切的關係。愈是自我否定的人，就愈不相信自己、他人及社會，內心也會愈感到孤獨。

那麼，為什麼人會否定自我呢？這可能與過去的經歷有很深的關係。

舉個例子，如果孩子與其他的小孩在公共場合搶奪玩具，大部分父母應該都會對自己的孩子說：「你就借他玩啊。」

雖然父母這麼說，是希望孩子可以跟其他孩子好好相處，但對孩子來說，他們只會記得父母的提醒、責罵，而不是自己跟其他人一起開心玩樂的心情。另外，像是在家裡，父母也經常會跟家中的老大這麼說。

對孩子來說，父母是絕對的掌權者。如果他們下命令「你必須借他玩」，孩子就算心不甘情不願，也只得忍耐服從。

「因為你是姊姊啊。」「因為你是哥哥啊。」如果一個人因為身為長子長女這種理由必須不斷忍耐，在心態上也會覺得即使抗爭也無效，因而凡事都容易放棄。**在這種情況下，即使成為大人之後，童年時心裡受的傷卻還存在**。

而且，若因為比較年長而不得不忍耐，結果或許會變成潛意識裡相信年紀大就是比較吃虧，甚至在成年後，由於過去被迫壓抑的體驗，對任何事都會忍氣吞聲；與人發生糾紛時，只要對方比較年輕，自己可能就會不知不覺地讓對方。即使是理所當然該屬於自己的東西，或許還會因為擁有它而產生罪惡感。以上的這些經驗，可能就是導致自我否定的原因。

接著來看另一個常見情境。

假設弟弟沒告知哥哥，就私自拿了哥哥的玩具，待哥哥發現後拿回玩具，弟弟卻也不甘示弱地想搶回來，於是兩人便上演玩具爭奪大戰。

這時媽媽介入。媽媽問弟弟：「這個玩具是誰的呢？」

「是哥哥的。」

「對，是哥哥的。那你剛才有跟哥哥說，希望他可以借你玩具嗎？」

「我有說。」

媽媽轉向哥哥：「是這樣嗎？」

哥哥說：「他才沒有講。不過就算有講，我也不想借他玩。」

這時，如果母親接受哥哥的說法，會怎麼樣？

「這樣啊，你不想借弟弟玩啊。」

然後再跟弟弟說：「哥哥說他不想借你玩喔。」

如此一來，哥哥是不是會覺得自己的感受得到重視？

而且，由於母親認同哥哥「不想借玩具的心情」，那麼哥哥也就能坦然認為那個玩具是自己的東西。

藉由這個對話，**哥哥可以完全信任母親，同時也體會到自我獲得肯定**。

假設這個媽媽跳過這段對話，直接跟哥哥說：「你就把玩具借弟弟也不會怎麼樣啊。」這樣或許能有效率地解決孩子吵鬧的情況，似乎也能圓滿收場。但是，不重視哥哥的意見，只是一味強迫他要忍耐，他就會忽略自己的心情。而且，若單方面強迫哥哥借弟弟玩具，也極可能導致兄弟無法互相友愛，更建立不了良好的手足關係。

兄弟間若沒有信賴關係，哥哥被迫借出玩具，要是最後弟弟不想歸還玩具，哥

童年時，
你的父母是否能完全接受你的想法？

哥就會覺得自己的東西被奪走而感到害怕。假使哥哥經常產生這種不信任感，最終就會愈加堅定不想借出東西的心情。

規矩和道理是不分年紀的

「可是，這樣弟弟不是很可憐嗎？哥哥本來就應該大方地把玩具借弟弟玩啊。」有人可能會這麼想，但這想法並不對。

哥哥不想借自己的玩具給弟弟玩，弟弟心裡確實可能受傷。不過，當媽媽告訴弟弟這個玩具是哥哥的東西後，他就能區分出「哥哥的東西」和「自己的東西」。藉此弟弟也會學到，如果哥哥擁有他自己東西的所有權，那麼自己對屬於自己的東西也擁有所有權。當弟弟了解這個道理，並與哥哥互相認同對方的所有權，彼此才會產生「信賴感」。

一旦兄弟間建立起這種信賴關係後，哥哥的想法也會改變。他不會再擔心玩具被搶走，而能安心借給弟弟。

延續剛才的情境，媽媽可以再問弟弟：「哥哥說他不想借你玩具，那你要不要再拜託他一次？」或是建議弟弟：「你要不要問哥哥，什麼時候可以借你呢？」

弟弟若照著媽媽的話，有樣學樣地問哥哥：「什麼時候可以借我呢？」在這樣的情況下，哥哥就可能會說：「當我說還給我，你就馬上還我的話，我就可以借你玩。」哥哥能改變心意這麼說，是因為覺得媽媽尊重他的想法與心情。這時，弟弟也能從哥哥身上學到「要懂得把自己的想法和要求說出來」這件事。

父母親願意理解哥哥「不想借東西給別人」的心情，或只是一味強迫他做出違背本意的事，就會進而影響到兄弟間能否建立起信賴關係。

就像這個例子告訴我們的，**「寂寞」的種子，是在日常生活中的一個個小片段裡播下的。**

以上述例子來說，哥哥若一直被迫忍耐，那麼長大後，或許他就會成為習慣隱忍且沉默順從的人。相反地，弟弟若是藉由哭鬧或發脾氣，以滿足需求，而且當這種方法每次又行得通，他就會學習到，使用這個方法能讓事情順利，未來他或許就會同樣藉由發脾氣和怒吼的方式來影響他人。以結果來說，這方法的成功率很高，但是也一定會招來麻煩與爭執。

就算造成爭執也要滿足自己的需求，這種任性而自我的方式，不只會傷害他人，最終也會傷害自己。即使贏了別人，獲得成功，也不會得到大家的感謝與尊敬。而他人拒絕否定的態度，也會使自己受傷。倒不如說，愈是以這種方法來達成目的，就愈常受到他人的批評與責難，使自己更覺得孤獨。

02

我們都有「寂寞恐懼症」

明明經常吵架，為什麼還要在一起？

你身邊有沒有那種總是爭執不休、衝突不斷的夫妻、情侶或朋友？為什麼兩個人在一起總愛爭執不休？

有人可能會覺得：「那麼討厭對方的話，趕快分手不就好了」、「如果兩個人在一起那麼痛苦，為什麼不乾脆分開呢？」

當吵架時，他們或許會對彼此放狠話：「真是夠了，我這次絕對要跟你分手！」、「這個家真是有夠煩，我要離開！」

但實際上，他們都只是說說而已，卻不會付諸行動。事情只停留在紙上談兵，這是有原因的。因為他們恐懼自己變成孤單一人，夫妻間尤其如此，因為他們會認為：「如果離婚的話，就沒人照顧我了。下半輩子我都要寂寞終老了，我沒辦法忍受那種孤獨一人的情況。」

比起一個人的孤單和恐懼，他們寧願選擇現在不斷爭吵的生活。

你愈罵，孩子就會愈故意

你曾經在公園、遊樂場、超市、餐廳等公共場所，見過父母罵小孩的場面嗎？

「我不是跟你說不能跑嗎?!」

「不要大聲吵鬧！」

「到底要我跟你說幾次你才懂！」

或者，你自己還是孩子時，也經歷過同樣的情況。

被父母教訓的時候，孩子當下或許會停止動作，但之後他們就真的不再犯了嗎？恐怕不是如此。媽媽愈是三令五申，他們反而愈不想停止不該做的事或不該說的話吧。我也看過孩子在前頭跑，媽媽在後頭追的畫面。媽媽氣急敗壞，孩子卻興高采烈，似乎覺得很好玩。

為什麼會演變成如此荒唐的情況？其中一個理由是，不論父母再怎麼叮嚀孩子、責罵孩子，孩子最終會逐漸習慣父母的反應。孩子一旦習以為常，反倒變本加厲，父母就得再加強制止的強度，如此一來一往，次數愈來愈頻繁，這種情況就會愈演愈烈。

然而，一旦親子間一直重複這種負面循環，及至孩子漸長，自尊心會愈來愈強，用責罵的教導方式會讓孩子覺得自卑，內心受傷，而且也會自我封閉，強化寂寞與孤立感。孩子對這種負面的親子關係，也會感到非常受挫。

小孩子刻意找罵挨，還有一個重要的理由。那就是，父母會對他們這樣的言行有所反應。**對孩子來說，父母的忽視，是超乎成人所能想像的恐怖，其嚴重性甚至關乎生死**。

孩子不只是希望「被愛」，也會想辦法「不被拋棄」。如果在親子關係中，孩子不論多麼乖巧聽話，父母都沒有反應，孩子會有什麼感覺？相反地，一旦當孩子有負面的言行舉止，父母就立刻回應時，那麼日後孩子將會選擇用哪一種方式來吸引父母的目光呢？

對孩子來說，能否吸引父母關注比任何事都來得重要。如果懂事、守規矩無法得到父母的愛與關心，那就只能以闖禍、叛逆的方式來獲得。

也就是說，孩子若沒實際體會過正向互動帶來的愉快與滿足，自然只會以負面的言行來跟父母溝通。

這道理不只適用於孩子，即使大人也都會出現這種模式。我們為了逃避寂寞和被拋棄的恐懼，或是為了要有良性且穩定的互動方式，會想盡辦法做各種嘗試。為逃避寂寞與恐懼所採取的行動，不一定會是正向的。而且，不管使用的方式有多麼積極正面，倘若對方沒反應，對採取行動的人來說就是失敗。

此外，如果自己沒有從家庭關係中學到正向的人際互動方法，也就無法付諸實踐。如果沒有培養出「感受力」，來感覺正向關係及溝通帶來的滿足感和幸福感，那麼正向的互動方式也只是無用之物。

就現實來看，由於採取負面的言行會與他人形成對立，反倒更增添孤單寂寞。然而，絕大多數的人卻很矛盾，寧可冒著這個風險以負面方式跟他人互動。最典型的例子，就是用「爭執」的方式與他人互動吧。

第 4 章

「愛自己」是最強大的正能量

01

建立正向關係，先從「信任自己」開始做起

尋求他人認同之前，先認同自己

我們每個人都有「愛自己」的渴求；同樣地，也會有「愛別人」、希望「被愛」，或是與他人「相愛」的期待，這是人類不可或缺的基本欲望。不論是對自己的愛，或對他人的愛，若是少了其中一種，我們的心裡就會彷彿有個洞，感到空虛而茫然。

話說回來，「愛」這個主題太龐大，也很抽象。就算別人告訴我們「要更愛自己」，我們的心裡也會產生疑問：

「愛自己」的定義究竟是什麼？

要怎麼做，才算是愛自己？

身處在什麼狀態下，才是愛自己？

愈想理解「愛自己」的意義，就愈覺得困難。

有很多人會想：「我能理解自己是否被愛與何謂寂寞，我也知道，如果懂得愛自己，一定可以擺脫寂寞。不過，我實在不知道，愛自己的具體方法到底是什麼？」

這時，不妨將「愛自己」這個概念換成「喜歡自己」，或是將「喜歡自己」換成信任自己。當然也可以把「信任自己」，替換成「肯定自我」。換句話說，就是認同自己。

當你愛著某個人事物的同時，
也能得到愛。

我們的感受方式可分為正向及負面兩種，並藉此來衡量對自己的信任程度。

自我中心心理學之所以將「情緒、五感及感受方式」作為標準，也是因為這樣能具體知道「愛自己」的方式。

人的感受方式有無數種。感受力愈是敏銳，感覺就愈是細微，體會到的層次也有高低不同。平常愈注意、愈專注於自己感受的方式，就能不斷提升感覺的精確度。**當你體會到正向感受，這就是「愛的狀態」**。

比方說，全心投入一件喜歡的事情時，若能專注於自己的感受，就可體會到發揮創意能讓自己有成就感，或是好奇心能得到滿足。又比如用餐時你運用五感享受食物的滋味，當下會覺得滿足，這在自我中心心理學中就是「愛自己的狀態」。

同理，當我們放鬆身體感覺身心舒暢的時候；仰望天空，用全身去擁抱那片蔚藍，並深呼吸的時候；去戶外慢跑，感受活動身體的愉悅和暢快的時候，這些都可以說是愛自己的瞬間。

由此可知，只要全心投入一件事情之中，就能使內心充滿積極正面的能量，那就是愛自己的瞬間，當下也不會感到孤獨。

正向的感受愈多，愈能提升自我肯定感

不管對象是自己或他人，如果將「能實際體會正向感覺」的狀態定義為「愛」，應該比較容易理解。

「希望去愛」、「希望被愛」、「想給予愛」、「想得到愛」，雖然這些字句不盡相同，但本質上都是在說同樣的事。

比方說，當我們抱著小孩或小狗、小貓等動物寶寶，覺得他們好可愛時，這就是處於「愛」的狀態。雖然我們並不知道小孩或動物是否也同樣喜愛我們，但是，

若從我們感覺到他們很可愛的角度來看，就可以說，我們從他們身上「得到愛」。當然，如果他也愛我們，我們會覺得他更可愛。也就是說，如果是彼此互相喜愛的關係，會讓我們更覺得幸福。

前面提到的用餐例子也一樣。

在享受料理時，如果我們對烹煮餐點的人心生感謝，即是給予對方的愛。從這個「愛」出發，進而跟對方道謝的話，看起來雖然是向對方傳遞愛，實際上反倒是我們能具體感受到那份愛，而覺得幸福。假使對方有所回應：「謝謝你說我做的菜好吃」，那麼幸福感就會更強烈。

「看你吃得那麼津津有味、那麼開心，我也很高興。」

對方如果這麼回應，我們應該更能感受到愛。由於愛存在彼此心中，在雙方以正向感受互動之際，到底是誰給予了愛、誰接收了愛，已無法明確分得清楚。而且，每個人各自都有不同的感受方式，不但程度會有差異，也會因對象而不同。

愛不是給予或接受的東西，更不是必須爭奪的事物，而是自己與對象「融合」的產物，是一種「感受」。

當自己感受到愛的時候，就是愛自己的狀態；而且在感受到愛的同時，也正在向對方傳達愛。

若以「感受」做為「愛」的衡量標準，那麼，只要自己有正向的感覺，就能說自己正處於愛的狀態。當這種感覺愈來愈頻繁，而且強度愈來愈高的話，我們就會活得更有自信。

02

為什麼就算得到他人認同，我們還是無法喜歡自己？

他人認同帶來的滿足感有限

以他人為中心的人，最後會忘記認同自己必須得靠自己才行。特別是近年來，人們愈來愈傾向以他人為中心，比起內在心靈的充實，更在意外在事物。例如：工作能力強、升遷速度快、收入高、長得好看、個子高，或是跟具備這些條件的人做朋友。另外，亮眼的學經歷、住在精華地段等也都可以拿來自傲。

就算自我表現欲得到滿足，但你可能會發現比自己優秀的人還有更多。只要想跟他人比較，競爭優劣，在懷有優越感的同時，也會感到自卑。

只要以他人為中心，就會不斷在自負與自卑之間來回擺盪。而且，相較於自大優越感，自卑感遠遠強烈得多。

執著於與他人一較高下的心態，就是很在意「自己是優秀或平庸」。若是一直要與人分出優劣強弱的話，那絕對都是輸家。

那麼，為什麼他們如此執著於拚個你死我活呢？

追本溯源，是潛意識深處的自卑感在作祟。

當然，如果能將自卑感化作促使自己成長、朝目標積極行動的原動力，所採取的行動也可能讓自己從尋求他人認同變成自我認同，帶來真正的自信。因此，我並不是說追求他人認同不好。

但可惜的是，他人認同所帶來的滿足感並無法持久。而且這種滿足感的品質很差，也不能一直存在，永遠持續下去。一旦它的效果變差，我們就還想要，以至於一直需要這種滿足感的刺激。

此外，要一直沉浸在由他人認同帶來的滿足感是很困難的，只能耐心等候，也必須不斷增強能獲得滿足感所需的刺激。換句話說，不斷期待之下，由於無法獲得自己由衷期待的滿足感，向他人展現自我的欲望就會變得愈益強烈。

如此一來，我們便經常處於情緒不安定的狀態，即使得到滿足感，也很容易陷入負面情緒，擔心自己可能隨時會失去一切。

很多人之所以要確保穩固而不受侵犯的地位和安身之所，其根本原因就是不夠信任自己，以至於希望尋求他人認同。從這層意義來看，一味尋求他人認同會缺乏安全感。不管多想藉由他人來滿足自己的內心，也無法改變對自己信心不足的事實，以及消除因此產生的不安，這可說是尋求他人認同最大的難題。

大部分女性理想的狀態是：「希望能和理解我說的話、聽我傾訴、跟我心靈相通，並且愛我的人一起生活。」

不過懷有這種理想的同時，許多女性並不會自我期許：「我也希望自己能努力成為那樣的人。」而只是一味空想著：「如果有那種男性出現，我就會幸福吧。」

事實上，當我向諮商對象說明，該怎麼做才能與他人建立良好關係時，不少人告訴我：「如果對方能先這麼做，我就會比照辦理。」

一九八〇年代，「灰姑娘情結」（The Cinderella Complex）一詞曾造成話題。這是由美國作家柯莉特．道林格（Colette Dowling）提出的概念，用來指稱女性懷抱著童話故事中「灰姑娘」的心態，她們會幻想：「有位騎著白馬的英俊王子會突然出現，將自己從不幸中拯救出來。」

乍看之下，這種期待像是個美夢，但從「將幸福全然寄託在男性身上」的這點來看，卻是阻礙個人發展自由意志與自立的想法。

父母常對女兒叮嚀的，也跟這類的觀念相同：「跟愛你的人結婚，會比跟你愛的人結婚來得幸福。」女性將自身地位置於男性之下的這種意識，雖然目前觀念已修正不少，但我認為本質上還是沒有太多的改變。

為了其他人「提升自己」沒有意義

我認識一個非常渴望婚姻的女性，她一心想自我提升，努力比任何人都體貼、有魅力。她那種別人望塵莫及的努力，很令人敬佩。

話說回來，她之所以想提升自己，並不是因為自己想成為那樣的女性，而是希望自己能比其他女性出色，在眾人中脫穎而出，受到矚目。

她這麼做還有一個動機，那就是：希望她所戀慕的男性能夠選擇她。她心目中的理想男性，最起碼要在一流企業工作，薪水優渥，再加上頭腦聰明、家世好，畢業於名校。如果對方還是帥哥，又是有雙長腿的高個子，那就真的無可挑剔了。總之，她的理想對象，就是要能讓另一半「成為貴婦名媛」的男性。

她覺得要跟理想的男性結婚，自己當然也必須成為能與之相配的女性。所以，她是先想像能與理想男性結為連理的女性會是什麼模樣，才依此為典範來提升自己。為此她曾說過一句名言：「女性是被選擇的一方。」如此一來，就可理解她這樣的拚命努力的原因了。

為了贏得心目中的理想對象，她應該能一直扮演「理想女性」的角色，在得到目標對象的垂青之前，想必她都能完美演出。

拿掉有色眼鏡，才能看清對方的真實面貌

乍看之下，這種女性看似意志堅強，為達到目標能做任何努力。但實際上並非如此。

首先，她認為女性是被選擇的一方，這一點就已經自我設限。雖然她有野心，希望比其他女性更優秀出色，但反過來說，應該是正因為覺得自己力量渺小，她才

想依附有力者。女性希望獲得位高權重者的垂青，得到坐在他身邊的權利，因此展開激烈鬥爭，這種場景也能在歷史中的某些女性身上看到，像這樣想獲得他人認同的表現吧。她們是以「讓某個男人喜歡」為目標。

「要怎麼做才能讓他看上我？」

「要怎麼做才能打敗競爭者？」

「要怎麼做才能讓他喜歡我？」

她們的所有想法都是「以他人為中心」。因此，如果男朋友說：「我喜歡像○○那樣的女性」，她們就會努力成為那個樣子。當兩個人約會時，她們也就看不清男朋友「真實的樣子」。

假設男朋友總是逕自快步走在前頭，讓她們在後頭急急追趕，她們也不會認為男朋友的這種行為是不體貼女性；因為如果一旦認知到這點，她們就會瞬間崩潰，無法接受。所以，她們不可能要求對方：「我希望你走慢一點，等我一下。」即便男朋友未徵詢她們同意就自行預約餐廳，她們也會解讀為這種行為是「男友對我的愛」、「男友真體貼」。由於她們一心只想抓住理想對象，就算對方這麼無禮、自私地對待她們，她們也不覺得自己的想法和意志不受尊重。

她們為了獲得長期飯票，拚命抓住對方，是「依賴心非常強的女性」。因此，她們有時候會變臉發怒，顯得很情緒化，但那並不是因為強勢，而是由於內化得十分徹底的依賴心受到威脅，而感受到自己是孤獨一人的恐懼感。

社會愈不安定，人們的依賴心也愈強烈

我覺得，近年來「灰姑娘情結」有更為明顯的傾向，這應該是因為社會愈來愈不安定，很多人也對未來感到不安，導致依賴心愈益強烈。

為了得到讓自己衣食無缺，安穩地度過下半輩子，於是有些女性會尋求有權有勢的人保護，她們不擇手段，只為排除競爭者。這種以他人為中心的結果，只會帶

來爭端與破壞，進而導致崩壞。不管是灰姑娘、她的繼母或姐妹都一樣，都過著被動的人生，對自我評價很低，覺得「自己無能為力，若不被選中就得不到幸福」。

然而，不只女性有這種強烈的依賴心。

之前，「忖度」一詞因為在日本國會中出現而廣為人知。所謂「忖度」，意指推測他人的心意，引申為用來批評政務官揣摩上意而竄改文件、做偽證的行為。不管這種行為能否稱為「忖度」，總之男性也一樣，內心深處也有隸屬他人的意識，認為若不依附強者就無法生存，我們也很容易想像得到他們汲汲於保全自己地位的樣子。

不論女性或男性，在「依賴關係」及「支配關係」中，人與人之間無可避免地就是會產生疏離，在這樣的狀況下，彼此不可能心意相通。在依賴關係和支配關係之下，一定會存在「以他人為中心」的思想。因此，在這樣的關係下，我不認為能建立健全的信賴關係。

人與人之間若要互相珍惜，就不能缺少對自己及對他人的信任。缺乏這項根本要素，自己的心就會孤立無依，不論再怎麼尋求愛，若是連愛的意義都不明白，只會讓寂寞不斷蔓延擴大。

現在的社會不只是支配型社會，甚至還逐漸演變成依賴型的社會。

若每個人愈來愈依賴別人，在沒有支配者可依賴的情形下，就只能擁抱孤獨，最終很快就會被寂寞擊垮。

03

實際感受自己，是消除寂寞的捷徑

自信只能靠自己產生，無法從別人身上獲得

很多人會認為，自己並沒有任何值得自豪的優點。矛盾的是，雖然他們這麼想，卻又希望得到他人認同。或許是因為，只要有人肯定他們某個優點，他們就能覺得安心。或者，他們希望別人能提示自己前進的方向：「你有這項才能，最好馬上往這方向發展。」

不過，缺乏自信的人就算得到他人建議，也還是不會全盤接受吧。又或者，他們就算相信別人的話，真的去做，接下來又會想：

「這樣做真的能順利嗎？」

「絕對沒辦法靠這賺錢。」

又或是懷疑自己的能力：「我真的有才華嗎？」

如此東想西想，然後在某個時刻放棄尋求他人認同時，會變成什麼狀況？又或者只是拚命追求他人認同，結果遭遇挫折時，又會如何？

對缺乏自信的人來說，尋求他人認同，比自我肯定簡單。而且，尋求他人認同，也不必意識到「自己的責任」。這對害怕承擔責任的人來說再好不過。如此一來，也能忽略潛藏內心深處的寂寞。

從自己跟孩子的互動模式，就能看出有沒有好好珍惜自己

不過，上述這種人雖然拚命尋求他人認同，但只要面對的是孩童，他們就處於優勢的狀態。他們的目的是讓孩子知道「誰是老大」，所以對孩子的說話方式當然

就是單向的指示或命令。

例如這類的母親會常教訓孩子：

「書包不能放這裡。」

「東西用完就要放回原位，我不是已經跟你說過好幾遍了！」

「如果不收好，就表示把它們丟掉也沒關係喔！」

「我跟你講過這裡不能弄髒吧，你都沒在聽。」

這樣的例子實在多不勝數：你要去幫忙啊。趕快去刷牙，已經是睡覺時間了。遊戲已經結束了！東西快收好。不吃完不行。快一點。不要發呆。快走。不要拖拖拉拉。不要懶懶散散。你還沒做好嗎？……等等。當孩子還小時，也只能默默聽著媽媽抱怨，照著去做。

就像這樣，大人讓孩子依循自己的話去做，不但能顯示自己的優勢，也能掩飾自覺一無是處的自卑。甚至，或許有人會把孩子當成替身，讓他們代為實現自己

「過去想做的事」、「過去想做的工作」等未能完成的夢想。由於孩子是站在第一線的執行者，就算他們失敗了，父母也不用面對自己能力不足的事實。

然而，孩子總有一天會長大。「這孩子小時候很乖巧，但現在完全不聽我的話了。」在父母如此感嘆的同時，也必須得正視自己的自私行為。

愈是無法坦然面對自己的人，愈可能因為孩子的轉變而感覺孤獨。

這也表示，在演變成這種狀況，感受到寂寞之前，他們都沒有好好面對自己、珍惜自己。

另外，我想補充一點：認為自己毫無值得自誇、自豪之處的想法是錯的。

若是我們追求的目標是要獲得別人注意、給予我們高度評價，或許就會覺得自己毫無優點。但追求的目標若是讓自己感到滿足，那麼要覺得自己有多少優點都可以列舉得出來。

以他人為中心跟以自我為中心的這兩種思維裡，在得到「滿足」的這一點上就完全不同。前一章也談到他人認同與自我認同的不同。我們追求的若是他人認同，那麼，只要這樣的心願無法達成，我們內心就無法滿足；若以自我為中心，是以追求自我認同為目標，那就是：

愛自己。

信任自己。

認同原來的自己。

這其中也蘊含相信自己的能力。

以自我為中心所追求的滿足，就能產生以下這些真實感受。

- 當下感受到自己是自由的。
- 對自己能採取行動而覺得自豪。
- 有自己的意志而感到愉快。

如果是經由重視自己而產生的滿足感，那麼，這樣的滿足感將會取之不盡、用之不竭。

因此，**如果你正因為各種原因而感到寂寞，想要擺脫這種困境，唯有實際感受自己所帶來的滿足感，除此之外，別無他法。**

第 5 章

提升自我肯定感來消除寂寞

01

停止忍耐，拋開自我否定的想法

即使只是稍微忍耐，也會產生自我否定的感受

自己會感到寂寞，是出於性格使然，或是由於停止不了寂寞的情緒所造成。

若是你這麼想就錯了。

人之所以寂寞，是因為你用寂寞的方式生活著。把自己推向孤獨的，或許是自我否定，以及對自己的低度評價。

你會忍耐，並壓抑自己的欲望和想法嗎？做決定時，你是不是都不以自己的心情和期待為標準？如果你不重視自己的心情，就不知道該如何判斷、不知道自己想

要什麼。就算好不容易做出決定，也會懷疑「這樣真的好嗎？」

會感到迷惘，正是做決定時忽視自己的心情的緣故。就算自己在深思熟慮後覺得某個選擇最適當而行動，但若無法打從內心認同自己的決定，也不會覺得滿意。

最終在不斷地自我否定下，或許就會失去自信，覺得更孤獨。

買或不買都後悔，是因為自己沒有判斷標準

舉個例子，假設有件衣服非常漂亮，你很想買。

不過，因為很猶豫究竟該不該買，最後不管做出什麼決定，你都會覺得心裡怪怪的。在猶豫的當下，你可能心想：「好想要這件衣服喔，但又不是絕對必要的東西，買了好浪費。」

因為有了舉棋不定的態度，所以買了衣服之後你可能會後悔：「啊，我買了好貴的東西啊。」「或許還是不要買比較好。」然而，要是決定不買，也可能還是會

後悔：「唉，我還是應該買比較好啊……」「現在不買的話，之後想買搞不好就賣光，沒貨了。」心中又更迷惘了。

「決定了也不知道對不對，放棄了也不確定對不對」，就像這樣，不管怎麼做，都對自己的決定產生懷疑。

事實上，買不買不是問題，「不管怎麼做都猶豫不決」的思考模式才是重點。這就表示，做決定時不是以個人的欲求和情感為標準。

此外，因為不能果斷做出決定，就會更想要那個東西。說不定沒有這種思考方式來助長購買欲，或許還比較可以直接放棄。

不管做什麼決定，都試著去肯定自己

有不管怎麼做都後悔的思考方式，但也有不管怎麼做都覺得「做對了」的解讀角度。

買到想要的東西後，可以跟自己說：「買下來真是太好了」。得到想要的東西，滿足自己的欲望，若只要想著「終於得到了！」，應該就能感到心滿意足。

相反地，如果決定不買，也可以認為做出不買的決定是對的。或者可以決定暫時不想這件事，暫緩個幾天，如果還是很想要再去買，若已經賣完就放棄。當然，買了之後，也可能發現不如自己所想的好而後悔。

但即使如此，這麼做還是有好處。那就是「**當下的欲望能得到滿足**」。相較之下，猶豫好幾天，一直想買卻始終下不了手的情況反而壞處比較多。

煩惱好幾天，反而會一直沉浸在這種負面情緒裡，不但浪費時間，自己也不斷吸收負面感受，甚至還可能否定猶豫不決的自己：「我總是三心二意，做不了決定，真的很糟糕。」如此一來，又會累積更多負面的感受，更強化負面的言行，而這也跟寂寞有關。

難得買了自己喜愛的東西
就坦然、愉快地為自己的選擇高興吧！
跟自己說：「買了這個真好！」

感覺寂寞時，若無法接受這種情緒，就會開始東想西想。當然，這時候的想法都是負面的。但若能像前面提到的，打從心底認同自己的情緒：「好寂寞啊，我真的很寂寞。」這時候，也會湧起一股想安慰自己的心情：「是的，我確實感到很寂寞，也能理解現在的這種感受。」

若是這麼做，就能感受到一絲正面的感受，哪怕只有一點點也無妨。相反地，要是不認同自己的情緒會如何？

例如，猶豫是否購買想要的東西時，會出現很多想法，像是「可是買了很浪費錢，買了之後我也許會後悔」等，多半都是負面思考，因此就會帶來負面感受。當我們站在負面感受來思考，又會出現負面思考，如此循環下去的結果就是讓負面感受擴大。這麼做就猶如刻意在寂寞這個情緒上，又加上不必要的想法，自我否定、自我批判，然後讓自己失去自信。

- 若沒有跟他人互動，就覺得寂寞，無法自處。
- 獨自一人時沒有可做的事，覺得無聊。
- 如果沒有周遭他人給的刺激，就感覺孤獨。
- 如果沒有其他人的刺激，就找不到樂趣。

會演變成這種情況，是因為我們平常只用腦子思考，卻不留意自己的情緒，不認同自己的心情。

而那些尋求外在刺激以得到滿足的人，乍看之下朋友很多，可做的事也有一籮筐，生活似乎過得很精彩。然而，他們其實是表面上看起來開朗快樂，但內心卻與外在相反，是經常感覺孤獨的。

02

養成主動的習慣，就能消除被動所帶來的寂寞

對別人的言行舉止感到不快時，你可以主動扭轉情勢

有種情況是由於自己沒有主動出擊，因此感到寂寞或受困於負面情緒之中。如果你總是當個被動者，那麼，若得不到別人給的幸福，自己就無法幸福。一個人總是被動生活，便會抱持著強烈的被害者意識（覺得自己總是受傷害）與犧牲者意識（認為自己總是為他人犧牲）。一旦有了這種意識後，會更不信任他人，自己當然會更覺得孤獨。

以下有個情境。假設有一位男性在運動場的跑道上走路。

他走著走著，遇到了障礙。原來有人正在進行清掃作業，以機器抽吸跑道旁樹木掉下的枯葉和花瓣。男子抬頭，剛好與做清掃工作的中年男性對上眼。清潔人員可能覺得他很礙事吧，什麼都沒說，只是以眼神和手勢示意他離開那條跑道。

雖然走路的男性什麼都沒說地照做，但心裡卻很不高興，想著清潔人員難道就不能說：「不好意思，這裡正在清掃，請你走另外一邊。」態度也稍微客氣一點嗎？

他來運動時，總是看到這位清潔人員，還曾經遠遠看著他，佩服地心想：「這麼大的運動場，就他一個人清掃，還真是不容易啊。」由於自己之前對他抱有好感，所以對於清潔人員這種不友好的態度就更覺得不舒服。這種情緒要是一直持續下去，之後他對這位清潔人員的好感也會消失。

這時，有個方法可以消除心裡的不快。那就是主動跟對方表達內心的想法：

「你的意思是說走這一邊對吧？」

這麼做目的不是為了反擊對方，而是要挽回自己似乎沉默聽從對方的那種低人一等的感覺，好讓自己抬頭挺胸。所以，說的時候要盡可能面向對方，沉穩有力地說，如此效果更好。

很多人擔心這麼說可能會引發爭執。不過，這種情況只是將對方想說的話「歸納之後再說出來」，所以並不會引起紛爭。

自己的心態如果是「要是你不知道適當的說話方式，那讓我來教你吧！」，用一種「代替對方說話的心情」，應該就不會讓對方覺得不舒服。

若是違背自己的意識，沉默順從別人，很容易會用「我被傷害、我被攻擊」的方式來解讀，而產生被害者意識。這種時候，自己面對的其實是「無能為力」的自己。

即使情境相同，這種被害者意識會讓自己很不愉快。所以，**從「讓自己成長」的以自我為中心的角度來看，藉由主動的作為，能減輕「被害者意識」**。此外，這麼做也能緩和被動所帶來的寂寞。

當我們內心所想的和外在行為一致，就會有正面的情緒和感受。

假設有個情境。你在餐廳吃午餐，但很猶豫，不知道要吃焗烤料理還是千層麵好，而最後你選了焗烤料理。

你可能邊吃焗烤料理，邊想「好像還是千層麵比較可口」；但要是當初選千層麵，你又會嘀咕：「可能還是焗烤料理比較美味。」或者看到別人的餐點，心想：「還是隔壁桌的餐點更好吃。」如果你用餐時常有這種想法，會愈來愈無法掌握自己的心情。因為用餐時，你的心情和行動無法一致。

「那個可能比較好」，當你這麼喃喃自語時，就會湧現負面情緒。而這種情緒，是你自己說的話造成的，因為和「你正在吃」的行動不一致。這種狀態就是心和行動不一致。如此不只會引發負面情緒，還會產生負面思考，又進而釀成負面情緒，導致雙重的負面感受。

相反地，如果選擇焗烤料理後，你是用五感去體會，專注品嘗，感受它的色、香、味，甚至還能聽見自己咀嚼的聲音，而這些都是正向的感受。若能體會正向感受，也就能產生滿足感與幸福感。

上述這兩種意識會影響我們的寂寞感，所以要重視自己用餐時的心態。如果覺得選別的餐點比較好，會讓自己更覺得寂寞。若能認同自己的選擇，就算本來感覺寂寞，寂寞感也會變淡。

以下有兩位男性所處的環境幾乎一樣，但態度卻截然不同。其中一位覺得自己的人生不幸，一副「世上沒有人比我更慘」的樣子；另一位則覺得自己很幸福，感到滿足。他們究竟誰比較容易感到寂寞呢？

假設這兩位男性都獨自去餐廳吃飯，前面那位男性以旁觀者的眼光看待自己的狀況後，刻意想像了一下「自己一直到死為止都一個人用餐的樣子」。他環視周圍，看到好幾對用餐的情侶似乎很愉快，拿自己與他們相比後，不禁感到寂寞。之後，他還想不知那些人會如何看他。因此，他用餐完畢後就馬上離開，所以用餐時間很短。

反觀後面那位男性只專注在用餐這件事上，佳餚美酒讓他覺得很愉快。他花時間好好品嘗料理和醇酒，這段時光也為他帶來莫大的幸福。當然，他也不會在意周遭人們的想法。

以上雖然只是一個情境，但即便在不同的情境下，個人的思考和言行也會以同樣模式運作。比如前面男性去超商買東西時，一樣也會意識到自己是「孤單一人」，或許還會想像有人在一旁竊竊私語說：「那個人總是一個人來買東西耶。」甚至還會腦補店員的想法：「他每次都買同樣的東西。」

然而，後面那位男性走進店裡，只會關注自己想買的食品或食材。他不太在意周遭，搞不好在別人的眼中看來，他就是個專注於採購的居酒屋老闆。如果要買的商品有好幾種選擇，他會多方去考量應該買哪個才好。選擇商品的這件事對他來說其實是一種樂趣。

感受現在，感受當下

要專注於「感受」會花上一些時間。然而，現代生活的節奏快速，若想配合這種節奏就很容易經常焦慮，變得只追求結果。對以這種節奏生活的人來說，不管自己是什麼情緒也好、感覺也好，他們更會覺得去感受體會的這種行為很花時間，很麻煩。

不過，只要心和行動不一致，我們就會覺得不對勁。就算沒自覺，但潛意識還是感受得到。**唯有心和行動一致，我們才會湧現滿足感與幸福感等愉快的感受**。

心和行動一致換個說法，就是「感受此時此刻」，也就是「活在當下」。只有「感受此時此刻」，才能將寂寞化為滿足與幸福。

我們只要一想到過去或未來，就會產生情緒和感受。我們可以思考過去，想像未來，就猶如現在就進入到那個情境一樣。

不過，就算想的是過去或未來，但我們是會以「現在」的狀況來勾勒。從這個角度來看的話，我們是在目前這個瞬間去感受過去或未來。愈是回想過去會後悔，思考未來會不安的人，平常也是很容易會有負面情緒和感受。

感受到10％愛和200％愛的人的不同之處

我們跟其他人在一起感到開心、快樂，甚至幸福滿足時，當下我們就是愛自己。

就算別人給我們100％的愛，若我們對自己只有10％的愛，那麼也只會接收到10％的愛。相反地，別人給我們100％的愛，而我們對自己的愛有200％的話，接收到的愛就有兩倍。

專注於此刻，感受當下，需要花時間經常練習。我們若能讓此刻充滿正向情緒和感受，就是「愛自己」。只有這麼做，才能將寂寞轉變成滿足感與幸福感。

03

磨練五感，培養感受

是不是要有刺激感，才能讓你滿足？

只追求高度刺激的人，或許無法理解日常生活中體會到的小確幸，以及發自內心湧現的幸福與滿足感。如果沒有去培養感受正向情緒的能力，和使用五感感受的能力的話，若不是強烈的刺激，這種人就沒有感覺。

對他們來說，一天當中如果沒有讓人興奮的活動，就會覺得那天很無聊、無趣。雖然投入那些令人興奮的活動，確實能獲得一時快樂。然而，我們不可能總是過著在遊樂園或遊樂場找樂子的生活。

大多數的人都是過著安穩的生活，也對此心懷感謝，但對很難有正向感受的人來說，他們會覺得這種日子很無聊。

當然，為了打破無趣，有人會開始去過更富創造性的生活。不過，覺得每天都很無聊、無趣的人，大多數都是期待別人能帶給自己刺激，而不會自己充滿精力地去做些什麼。如果本來就不具備正向感受事物的能力，那麼就不會出現靠自己讓人生更豐富的欲望。所以，期待別人能為自己帶來快樂、製造快樂的人，就只會被動地等待。

而且最簡單、最容易得到的對象，就是跟自己產生爭執的人，這種負面溝通或許會讓生活變得不無聊，卻無法填滿內心空虛。相反地，這種溝通愈多，負面能量就愈強，只會讓人陷入愈來愈覺得無生命力與寂寞的負面循環。

正因有負面情緒，才會有正面情緒

負面看待情緒的人會覺得「情緒真的很麻煩」。

近來提到情緒，人們多半先想到難受、痛苦、恐懼等負面情緒，而非開心、快樂、幸福等正面情緒。

我們生活的環境中，比起愉快的事，更常發生讓我們不開心的事。在艱辛的生活環境下，不愉快的事當然也會增加。

自我中心心理學不只重視「情緒」，也非常重視包含五感、肉體感覺在內的「感受」。不過，有些常體驗負面情緒的人會認為，「如果沒有『情緒』這種東西還比較輕鬆」。雖然負面情緒可能讓他們很痛苦，但就像「我想一死了之」這種話一樣，我不認為那是可以輕易說出口的話。

前一章雖然提到「將憎恨當作人生意義」的例子，但如果人沒有情緒，不只不會產生負面情緒，當然也感受不到正面情緒。

感受不到負面情緒是什麼情況？那就是不會沮喪、難過、絕望，這樣的確讓人覺得輕鬆。就算別人對我們做出很過分的事，自己也不會有感覺，更不會因此受傷。即便重要的人不在了，我們也不會難受。但在此前提下，根本也不存在自己認為重要的人吧。

沒有情緒，也就不會寂寞，同時也不會有任何正面感受；就算別人體貼相待，我們也不會覺得感激。小嬰兒對我們笑嘻嘻，不會覺得他們可愛或有憐憫之心。即使別人愛我們，也無法回應。就算有人跟我們說「我愛你」，也不會感覺幸福。

跟別人在一起，更不會有心意相通的感受，也不明白「愛」這個概念。那是個與極致幸福無緣的世界。若身處那樣的世界，就無法感受活著的理由與意義。

五感提供我們生存所需的資訊。沒有五感，我們就無法感受到味覺、嗅覺、視覺、觸覺、聽覺，不會知道臭、髒、燙、涼、痛等感覺，也不知炎熱與寒冷。

就算身體不適也無法察覺；東西腐敗了也不知道，更無法感受食物的美味；聽到動人的音樂時，心裡不會有共鳴；即便成為大富翁，過著奢華的生活，也不會有任何感覺。看到色彩豐富的花朵，不會心動；見到美麗的鳥或動物，也不會看得忘我。即使生活在大自然中，也不會有所感動而覺得「太棒了！」。這樣的心靈就如同沒有任何色彩，只有黑白的世界一樣無趣乏味。

正如上述，只要我們可以用正面心態去感受這些情緒與五感，就能產生充足感與幸福感。當產生負面情緒時，我們就經常向外追求滿足、期待獲得他人的認同肯定，實際上，這就像缺乏正向情緒與感覺，而受困於負面情緒與感受一樣，寂寞的最大主因是自己的感受方式。

情緒和五感的感受方式，是相當細微精妙，令人難以想像。

一百個人就有一百種個性，沒有完全相同的人。感受方式也一樣，雖然大致可分為「正向」與「負面」兩種，但正如每個人都有自己的個性，精確來說，人的感受方式也不會完全相同。

就算有的人感受遲鈍，那只是意識上沒有明顯自覺罷了，潛意識還是感覺得到。而且，不論我們是否意識到自己的各種感覺，但其實大家每天都是以感受為標準來做選擇、做決定。

選擇感受的方式，可以用建造房子來比喻。房子是要華麗或簡約、和風或歐美風，或是有現代感？還是首重機能性？若是謹慎的人，應該會選擇建造一棟安全堅固的房子吧。要建造什麼樣的房子，是以個人喜好來選擇。房子裡頭的每項選擇，也是出於自己的想法。

然而，自己的選擇可能出錯。如果是在建造過程中發現，還可以調整，但如果直到完工都沒發現，就變成入住之後才發現問題。

比方說，有人看到某間房子的美麗外觀十分心動，便買了下來。那房子的外觀看起來確實不錯，感覺住起來會很舒服。不過，它有一個很大的問題是，這片土地是個窪地。因此下雨時，如果雨勢不大倒還無妨，但要是下起豪雨，就會有大量雨水從房子前方和兩側流過來。雖然可以樂觀認為大雨並不常見，但會有這樣的結果，還是跟自己的選擇有關。

潛意識會左右你的所有行為

不只心靈感受到的一切會相互影響，身體感受到的一切也是一樣。身體和心都將感覺當作決定的標準。而且，心靈與身體的感受方式，比蓋房子還精密。就算我們沒有明確意識到自己的感覺，但心靈和身體還是感受得到。

以房子為例，身體的狀態可說是建造房子時的「地基」；身體的姿勢與視線角度，就猶如「設計圖」。我們的姿勢和視線角度就算只差個幾公釐，造成的感受也會不同，因此會做出不一樣的選擇。這幾公釐的差距，如果以打字為例，就是基本的輸入設定不同。

「感受方式」可以用「意識」一詞來代換，而且這個意識會影響自己的每個選擇。

如果整個社會的氛圍很不安寧或充斥暴戾之氣，自己細微的感受方式也會在這些喧鬧的妨礙下受阻。就算自己沒察覺，我們的選擇還是會影響自己的人生。

我們雖然以為自己是偶然做了某個選擇，但事實上，是自己的「感受方式」做了選擇。

接下來，讓我們來稍微做個實驗，實際感受一下吧。用心做的話，你一定會驚嘆於身心的巧妙合作。

04 喚起身心感覺的方法①

低著頭喃喃自語

首先坐在椅子上，像平常一樣坐著即可。然後，低下頭，肩膀下垂，視線也往下看，全身放鬆。

這時你有什麼感覺？

光是做出這個姿勢，你是不是就覺得心情悶悶的？

若保持這種姿勢喃喃自語：「啊，好累」，那接下來你會講出什麼話？

身體姿勢會影響心情，而心情又會自動選擇我們說出口的話。因此，這種時候就會很容易說出：「唉，人生真的好無趣。」「啊，活著好累。」這種充滿無力感的話吧。這是因為，**這種喪氣話和身體的感受是一致的**。

身體的感覺會決定我們說出什麼樣的話，在前述這種懶散坐姿的狀況下，說出口的都會是負面的話語。以這種坐姿、這種視線說：「啊，真寂寞，我好孤單。人究竟為何而活？好空虛啊！」自然就會覺得人生了無生趣。

如果是對自己比較嚴格的人，在說出這種話後，一定又會執拗地自責，再說出傷害自己的話：「我不應該說這種話吧。」「我怎麼可以這麼脆弱！」

如此一來，心裡又會充滿自我否定、自我嫌惡、罪惡感等負面情緒。

抬頭自語時會產生不同感受

接下來，我們來改變一下身體姿勢和視線角度。

請一樣坐在椅子上，全身放鬆，然後抬頭，視線朝上。同樣地，請專注於自己

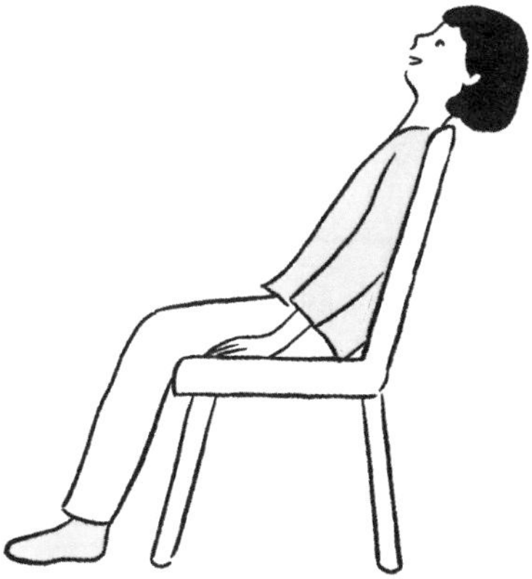

的感受，然後說：「啊，好累啊～」

這跟剛才有什麼不同？你會覺得心情鬱悶嗎？

一定不會。你應該只是單純覺得現在很累，而感受到「自己很疲倦」的狀態。

若能接受自己的狀態，就能自然而然告訴自己：「原來我這麼累啊，那就休息一下吧。」「嗯，因為我很努力啊，現在就好好充電吧。」於是，當你認同自己的身心都很疲倦，並充分休息，在休息後便能漸漸恢復精神。

以上這兩種狀況，差別只在於身體姿勢和視線角度一個朝下，一個朝上。**光是這種差別，就會讓我們說出口的話不同，而這些話又足以左右我們的人生。**

既然如此，下次我們去公司上班時，就不要低著頭，而是頭抬高，直視前方。只是這麼做，就可能改變我們鬱悶的心情。

05 不習慣別人碰觸的人，是因為內心覺得寂寞

大多數的人，都比自己以為的對自己更不寬容，對待身體的方式也很粗暴。肉體的感受方式和心靈相同，也很纖細敏感。

你有整骨或按摩的經驗嗎？那時你的身體有什麼反應？每個人皮膚的感受方式完全不一樣。有對身體接觸感到不舒服的人，和感到很舒服的人，兩者會產生完全不同的反應。

比方說，警戒心很強的人即使知道自己在接受整骨，但身體一被碰到，還是會

嚇一跳，覺得緊張，也可能光是想到「接觸」就會緊張。這是因為在他們認知中，身體接觸是負面的事。

或許是由於他們有過肉體受虐的經驗，像是被戳、被打、被痛毆等，以至於恐懼身體接觸。另外，孩提時代沒什麼和別人有肢體接觸經驗的人，也不會覺得這是愉快的事。

若有這種恐懼和不快感，即使去整骨、按摩、指壓時想放鬆身體，也很困難。如果強迫自己放鬆身體，還可能引發防衛反應，反倒使身體緊繃。本來是要放鬆身體，但這麼一來，卻反而像是告訴身體要繃得更緊。

寂寞時如果能因擁抱感到心安，是因為知道與他人身體接觸時，可以產生愉快的情緒。

孩提時代就將愛與擁抱畫上等號的人，對身體接觸的態度就會是正面的。他們學習到肌膚接觸是讓人覺得舒服的事，所以被碰觸時，肌肉也能放鬆。

想傳達愛，讓彼此心靈相通，身體接觸是最直截了當、最確實的方式。不過，現在由於嬰兒車普及，父母背著小孩走路的情況也變得不太常見。姑且不論這點好或壞，不過現在由於缺乏身體接觸的經驗，對此感到不舒服的人愈來愈多。

來找我諮商的人之中，也有不少人提到，在擠滿人的捷運上會感覺很不舒服。

你重視自己的身體嗎？

肉體和心靈一樣都具備極精密的功能。當微風吹拂，我們就會心情舒暢；當螞蟻爬過皮膚時，我們也會有感覺。

身體與心靈兩者是緊密相連的，所以我們不只要體貼自己的心，也要體貼身體。粗魯對待心靈的人，一定也會粗魯對待身體。身體感受力遲鈍的人，心靈的感受力也一樣遲鈍。

比方說，容易緊張的人，即使只是喝咖啡這個動作，也會使用多餘的力氣握住咖啡杯。雖然只需要能端起咖啡杯的力量就好，他們卻會整隻手臂出力，使肩膀變得緊繃。

當身體一緊張，不只會有施力過度的問題，還會讓五感的敏銳度下降。相反地，若身體的感受很敏銳，我們就能用最少力氣來握住咖啡杯。

或許你會覺得這兩者的差異沒什麼大不了。然而，如果每件事都存在著這一點差異，累積下來也很可觀。而且，心靈和身體的感受度，在不必要的緊張狀態或放鬆狀態下也會不一樣。

做一件事情時，透過放鬆所帶來的好心情，會成為正向感受方式的資糧。當正面感受的次數愈多，愈能提高選擇正向事物的機率，人生就會愈變愈好。

若我們沉浸在寂寞的狀態下，不只無法察覺到情緒及五感的愉悅感，也會忽略身體的輕快感。如果能從感受滿足感與好心情開始，比起只是一直感嘆寂寞，至少也能「靠自己的力量來珍惜自己」吧。

06 喚起身心感覺的方法②

透過呼吸來改變心靈

只要一點點努力，透過調整呼吸，我們就能拯救自己感覺寂寞的心。

呼吸是一件太理所當然的事，以至於我們平常經常忽略它，但「調整呼吸」不只是維持身體健康的根本，對心靈健康來說也不可或缺。

你知道自律神經嗎？它掌控了所有與維持生命有關的器官。自律神經又包括交感神經與副交感神經，我們白天活動時，是交感神經在發揮作用；夜晚靜下來時，則由副交感神經上場。如果自律神經失調，身體會產生不適感，也比較容易產生負面情緒。呼吸包含「吸氣」和「呼氣」。吸氣時，主要是交感神經居優勢；呼氣時，則是副交感神經居優勢。

從心理層面來說，我們內心的狀態會表現在呼吸上。焦慮的人呼吸較急促；沒自信的人，呼吸細而弱；寂寞的人由於總是嘆息，新鮮空氣的交換量減少，以至於愈來愈消沉。呼吸與意識互為一體，所以不可小看呼吸。

不過，最近在實行心理療法的時候，即使我要求大家放鬆，卻有愈來愈多人表示無法好好地放掉力氣，也有人明明想放鬆，卻還是無法消除緊張。

如果你也是這種人，更應該先從調整呼吸做起。只要慢慢做、持續做的話，一定能改變心情。

你的身體是不是用了太多力氣？

讓我們來做個簡單練習。

首先，用你平常站著的方式站好。光是這麼站著，你可能就會察覺到身體正在使力。其實站著的時候，就只需要用能讓你站著的力氣就好。

接著，請吸一口氣繃緊全身，稍微暫停一下，然後再吐一口氣放鬆。你可以按照自己的節奏調整這個步驟，不用勉強。

放掉身體的力氣後，再用能讓自己心情愉快的方式站立。請想像自己直立站在地球上的畫面。光是這麼想像，或許就能修正身體姿勢，回到本來該有的狀態。

感受一下愉快的心情後，就坐下來。接著，慢慢大口吸氣，輕輕閉氣一下，再慢慢吐氣。吐氣的同時，請想像自己正一點一點放掉全身的力氣，就像氣球慢慢變小一樣。當然，要在自己不覺得有負擔的前提下做。

吐氣，慢慢放掉身體的力氣，這時應該能感覺身體和心靈的放鬆吧。這種放鬆的舒服狀態，在心理上來說，就是接受自己的狀態。這樣身心一致的狀態，也可以說是感受到自我肯定感、自己信賴感的狀態。

透過調整呼吸，讓身心同步

①首先，用平常的站姿站好。

②請吸一口氣繃緊全身，稍微暫停一下。

③再一口氣放鬆，並暫時輕鬆地站好。

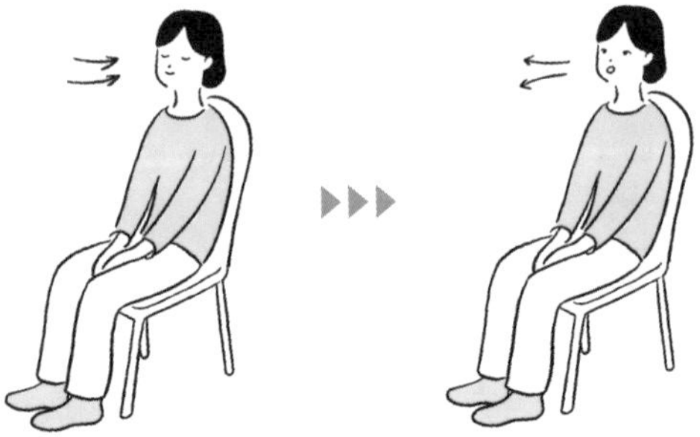

④坐在椅子上慢慢大口吸氣後，輕輕閉氣。

⑤慢慢吐氣的同時，請想像自己正一點一點放掉全身的力氣。

受困於負面情緒時，我們不只會感到寂寞，也會想否定自己：「我太軟弱了，所以才會覺得寂寞。」

不過，這時感受到的情緒並不是真實的，或許是受到身體姿勢或呼吸的影響，才讓你有那樣的心情。

要是執著於負面情緒，可能會把事情想得很嚴重，然而問題可能很單純。比方說：如果是由於長期以來的身體姿勢和呼吸習慣，引發寂寞的感受，那麼只要修正姿勢和呼吸，身心的狀態就可能改變。**尤其是心情，只要調整姿勢和呼吸，就可以立刻改變**。

感到寂寞時，你的身體是什麼樣的姿勢呢？你呼吸的情況又是如何？其實要改變心情很簡單。平常多多關心自己，了解自己的心靈和身體，並記得放鬆身體深呼吸，心情也就會跟著改變。

想積極排解自己的寂寞，避免深陷負面思考中，就專注於自己的感受、培養正面的感受，會比較有效率。

改變姿勢和呼吸，就能拉陷入寂寞中的自己一把。當我們專注於自己的姿勢和呼吸時，同時也是在練習「以自我為中心」的思維模式，盡可能在日常生活中感受自在放鬆，便可減輕寂寞，還能維持安定的精神狀態。因為這麼做而產生正向感受時，又能更專注在自己身上，不再去在意他人。

如果做到這一點，就能察覺到自己是否以他人為中心，只在意他人及外在事物，為了無謂的煩惱受苦。或許就能進一步意識到，以他人為中心的思維方式，只是徒增自己的寂寞而已。

第 6 章

失去連結，
會感到無限孤獨

01 寂寞會殺人，甚至加深對死亡的恐懼

寂寞會讓人聯想到死亡

雖然我們不會直接將「我想要愛」這樣的話說出口，但其實每個人心底都渴望愛。或許有人認為自己「不需要愛」，而斬釘截鐵地說一個人生活好得很。能填滿內心寂寞的對象不只有人，動物或植物也能讓我們感受到愛。全心投入喜愛的事情，也能帶來幸福感。這是愛的一種型態。老實說，我們每個人都在期待各種形式的愛，以及它所帶來的滿足。

另外，我們還有另一個強烈的欲求，就是希望活下去。換句話說，是對死亡感

到恐懼。

很多人不確定自己孤單一人能否生存下去，因此感到不安和恐懼。他們會想到當自己受傷或生病需要幫忙，或發生攸關性命的事情時，沒有人會伸出援手。**這是由於他們在感受不到愛、覺得寂寞的同時，也想到對死亡的恐懼**。

正如前述，以他人為中心的人，無法靠自己滿足心靈，所以會向外索求、依賴他人，期待得到別人理解，希望有人滿足自己的欲望、給予自己愛。

如果相信自己是無法靠自己的力量得到滿足，那就只能依賴某個對象。這種依賴心，若加上對死亡的恐懼，就會變成無論如何都想拚命抓住對方的窘境。

一旦想緊抓住對方，反倒又會加深寂寞與恐懼，變得更難以放手。這麼一來，就算一天二十四小時都黏著對方，內心仍害怕會被對方拋棄，而演變成無時無刻都活在恐懼中。

或許有人不久前才面臨父母、手足或其他親朋好友的逝去。若正處在這種情況，更會因為死亡帶來的永別，和對方已經不存在的事實，而直接面對難以療癒的寂寞。

多年前日本媒體曾提出「孤獨死」一詞，這個詞當時之所以撼動人心，或許是因為人們似乎能立刻想像「一個人寂寞死去」的畫面，並將死亡與寂寞相互連結。

在各種情緒中，寂寞特別令人感覺沉重，讓人有一種無法輕易說出口的沉痛感。而且由寂寞聯想到的孤獨感，也讓人容易聯想到面對死亡所帶來的恐懼感。

平常我們感受到的寂寞感，或許會因為聚焦在生活中的瑣事而暫時遺忘，也不太會意識到自己的寂寞中帶有恐懼。就算是一個人住，但因為出門就會看到人群；聽音樂、看電視或上網時，也會意識到與人連結的感覺，多少還是和人們有點接觸。所以儘管內心深處潛藏著對孤單的恐懼，就不太能察覺，也不太有切身感受。

然而，只要一有機會，這種恐懼就會立刻浮現。因為這種恐懼來自人類最原始的記憶。對生物來說，維持生命是首要優先考慮的事。在遠古時代，不論人類或動物都是群聚生活。為了延續生命，人們靠著大自然賜予的產物為糧食，並由男性負責外出狩獵。**對動物而言，在嚴酷的生存環境下，若被逐出群體，便無法活下去，認為自己將必死無疑**。

過往的生存方式仍刻印在我們的基因裡。因此人類腦幹有啟動「戰或逃」反應的自律神經系統。因此，當我們身處寂寞孤獨的情況時，會感到恐懼，這就是源自於「瀕臨死亡的記憶」的緣故。

從心理學來看寂寞的原理

美國心理學家馬斯洛基於「人類會朝著實現自我成長」的假設，提出自我實現論，也就是廣為人知的「馬斯洛需求層次理論」。根據這個理論，人類的需求從較低到較高層次分別如下：

- 生理需求。
- 安全需求。
- 社交需求／愛與隸屬的需求。
- 自尊需求。
- 自我實現需求。

以馬斯洛的理論來看，我們的安全需求若無法得到滿足，就會感到恐懼；社交需求和自尊需求若得不到滿足，就會覺得孤獨寂寞。

自尊需求包括他人認同的需求與自我認同的需求。他人認同的需求，指的是希望別人能認同自己的價值，尊敬及尊重自己，也就是藉由名聲、地位、人氣、財產和外表等事物得到讚賞或獲得矚目，來滿足此需求。另一方面，自我認同的需求，則是藉由認同自我價值而得到滿足。這包括自立、自信心、自我尊重和信任等，比起來自外在的評價，更取決於我們是如何評價自我。這個需求若得不到滿足，就會因自卑感、無力感、罪惡感而痛苦。

你在任何事情上都渴望得到他人認同嗎？還是為了自我認同而努力，進而提升自己的精神層面？

雖然同樣是「自尊」需求，但藉由別人所帶來的滿足感，跟自我認同帶來的滿足感卻有天壤之別。

要滿足他人認同的需求，就一定要有別人存在，而不得不依賴對方，所以經常會感覺不安。此外，比起從他人認同所得到的滿足感，得不到他人認同時的不滿足感會大得多。**相反地，自我認同的需求能否得到滿足，決定權則是在自己手上，**不會受他人威脅，也不用依靠別人，所以這種滿足感可以持續下去。

馬斯洛也提到，若只停留在追求他人認同的低層次需求，就無法自我認同，精神層面也無法成長，而現在社會中的人們正身處在這樣的危險狀態之中。

02

在講求效率化的世界裡，人們失去了內心的交流

我們最深層的恐懼之一，就是害怕變成孤單一人。平常我們不論去哪裡都能看到人，所以不會意識到，孤獨是多麼令人恐懼。然而，若切斷我們與外界的接觸，應該只會剩下絕望。現在的社會，或許就是持續朝這種狀況發展。

當然，實際上人們並不是真的被監禁或幽閉，但在各種規則的束縛下，即使在日常生活裡，也有很多我們認為非做不可的事。

在這樣的狀態下，要跟他人建立心靈相通的關係非常困難。更不用說，在現今

社會中，與人來往會感到壓力，所以很多人盡可能想避免與人接觸。舉例來說，要是不使用現金交易的社會真的到來，人與人之間的接觸又會變得更少吧。如果我們只重視功能性與速度，或許有一天，連暖心的對話也都覺得是浪費時間。

寂寞是要藉由與人接觸，跟人心意相通，並實際體會滿足感與幸福，才能得到療癒。相反地，就算機器人跟人類一樣有所回應，能夠交談，我們也不會因為與機器人互動，而打從心底感到滿足幸福。

不要隨著渴望他人認同的社會起舞

現代社會充滿競爭，這個趨勢比過去更明顯。或許因為如此，多數人都像被他人認同需求附身一般，投入競爭，拚命要比別人優秀。

如果希望獲得別人認同的需求比自我認同強烈，我們就會更在意他人的眼光和行動，以至於無法認同自己。如此一來，不論做什麼事都沒有自信，一定要得到他人認同才能安心，藉此暫時逃離自卑感和罪惡感，而處於不安定的狀態。

由於現在社會的經濟狀況比之前差，很難讓人懷有期待與希望，極端地覺得只要以出人頭地和成功為目標，主動積極，就能凡事順利。實際上，現在不論怎麼努力，也常出現沒有得到預期成果的情況。假使這種狀態不斷發生，也會逐漸削弱人們的生存欲望及霸氣。在這個大環境下，愈是想滿足他人認同的需求，或許就愈可能體會失望與挫折感。同時，也會認知到自身的孤獨。

來找我諮詢職場問題的人之中，最常遇到的問題是「遭受同事排擠很難受，被人忽視很可怕」。只要得不到他人認同，就會覺得孤立無依。「希望自己有個歸屬的地方。被同儕排擠，真的很可怕。」這種需求就是馬斯洛說的社交需求。

失去歸屬感時，人會覺得自己是孤立的，雖然生命並未受到威脅，但或許是遠古歷史的記憶仍印記在人類基因裡，以至於我們會產生不必要的恐懼。有的情況是儘管周遭的人根本沒有排擠他，但他自己如此認定，結果主動脫離群體。人就是如此害怕孤立。

在感覺寂寞的同時，我們會感受到一種「生命受到威脅」的恐懼，覺得自己孤立無依，似乎無法生存下去。有些人可能沒有自覺，但這是一種本能的恐懼。在這樣恐懼下，我們會愈來愈以他人為中心，想跟他人有所連結。

然而，為了想消除孤立感與寂寞，愈是以他人為中心，就愈無法滿足社交需求，而愈感到無比孤獨。沒有察覺矛盾的人，會更加以他人為中心，尋求他人認同。現代人就是在這種惡性循環中逐漸感到疲憊，變得更孤立，而被寂寞與恐懼束縛住，無法動彈。

03

在心裡點亮愛的光芒，療癒寂寞

搭捷運和公車時，每個人都在低頭滑手機。對我們而言，手機早已是日常生活中不可或缺的必需品。

人們藉由手機來排遣寂寞，掩蓋空虛，有些人在專心滑手機之際，或許就不會感覺寂寞了。跟別人在一起時有壓力，但自己孤單一人時又感到寂寞，很多人也覺得這種矛盾心情，似乎能藉由滑手機來消除。

家庭原本應該是令人最安心的空間，但家人個個都很忙碌，經常見不到面，連一起吃飯的機會也很少，或是家人之間沒有凝聚力，即使寂寞，也不會將自己的心情說出口。於是又讓人更覺得寂寞，不想去正視自己的心。

我們確實可以忽視自己的心，但這樣會讓心的感受力變遲鈍。或許有人會認為，心的感受力若變得遲鈍，就不會湧現寂寞感，也不會感到受苦。

然而，這並不表示寂寞就此消失。倒不如說，愈是這麼做，人與人之間就會愈疏離，陷入愈來愈孤獨的惡性循環中。而且，一旦感受變得遲鈍，同時也會喪失對正向情緒的感受。

若無法感受到正向情緒，不管做什麼，都無法打從心底感到滿足。當接受別人體貼相待時，我們就不會湧現感謝之情；身邊有愛我們的人陪伴，也不會覺得幸福。因為對任何人都沒有愛的感覺，不論做任何事也不覺得開心滿足，而活在無法體會正向感受的無趣世界裡。

有時我們太想逃避寂寞、悲傷、痛苦等負面情緒，但這些其實都是真實的感受，不需要過於害怕。反而正是因為有負面感受，我們才會產生強烈動機，想振作起來、想要努力。若失去了感受，甚至可能喪失生存下去的欲望。

不論社會、外在環境如何，我們都必須培養心的感受力，為自己的人生帶來快樂滿足。與其希望別人為我們消除寂寞，我們更應該關注自己的內心，好好面對它。而且，如果能以貼近自己內心所想的方式生活，就可以擺脫寂寞。

為了達成這個目標，就不該否定負面情緒，並培養及提高自己對正面情緒的感受能力，這就是消除寂寞的不二法門。

人生顧問 404

其實，我們都寂寞：培養獨處的能力，做自己最好的陪伴

作　者—石原加受子
譯　者—李靜宜
主　編—郭香君
責任編輯—龍穎慧
責任企劃—張瑋之
視覺設計—FE設計
內頁排版—新鑫電腦排版工作室

編輯總監—蘇清霖
董事長—趙政岷
出版者—時報文化出版企業股份有限公司
108019台北市和平西路三段二四〇號一至七樓
發行專線—（〇二）二三〇六—六八四二
讀者服務專線—〇八〇〇—二三一—七〇五
（〇二）二三〇四—七一〇三
讀者服務傳真—（〇二）二三〇四—六八五八
郵撥—一九三四四七二四時報文化出版公司
信箱—10899臺北華江橋郵局第九九信箱

時報悅讀網—http://www.readingtimes.com.tw
綠活線臉書—https://www.facebook.com/readingtimesgreenlife
法律顧問—理律法律事務所　陳長文律師、李念祖律師
印　刷—盈昌印刷有限公司
初版一刷—二〇二〇年十一月十三日
定　價—新臺幣三〇〇元
（缺頁或破損的書，請寄回更換）

時報文化出版公司成立於一九七五年，
並於一九九九年股票上櫃公開發行，於二〇〇八年脫離中時集團非屬旺中，
以「尊重智慧與創意的文化事業」為信念。

其實，我們都寂寞：培養獨處的能力，做自己最好的陪伴 / 石原加受子 著；李靜宜 譯. -- 初版. -- 臺北市：時報文化，2020.11
面；　公分. --（人生顧問；404）
譯自：誰にも言えない「さみしさ」がすっきり消える本

ISBN 978-957-13-8428-3（平裝）

1.寂寞　2.生活指導

176.52　　109016343

ISBN 978-957-13-8428-3
Printed in Taiwan